西洋占星術史

是科學還是魔法？最有趣的古今天文觀測與世紀爭論

中山茂
NAKAYAMA SHIGERU

目錄

前言……8

1 迦勒底的智慧

上天智慧之始……12
從傳說到事實……14
泛巴比倫主義……16
地上眾神登天……18
七曜的宗教……20
漢摩拉比國王的創造神話……24
化身為天體的眾神……26
根據多神教所發展的占星術……29
天變占星術與宿命占星術……32
占星師的登場……35
天下國家的機密……37

東方占星術的遺產 39
從天文學誕生的天變占星術 41

2 希臘人的科學

提升市民價值 45
亞歷山大大帝的傳說 49
從天變占星術的威脅中解脫 51
諾伊格鮑爾的「歷史」 53
黃道十二宮的產生 56
天宮圖占星術的特殊性 59
喜帕恰斯的貢獻 61
近代之前的範例 63
《占星四書》 65
行星的特性 66
父母星、財富星 70
死亡時間可以估算？ 73

3 天宮圖的技術

太陽的路徑、黃道十二宮 76
地上十二宮位 82

從誕生到死亡……86
12與7……89
「七曜」走過的道路……90
東方自成一格的天宮圖……92
對應所有事物……95
繪製天宮圖的方式……97
黃道十二宮的賦予性格……101
巨蟹座的人皮膚泛紅？……104
無限的解釋方式……107
遺傳性要素與環境性要素……108
醫療占星術……111

4 「占星社會」羅馬

更加篤信占星術的社會……116
占星師斯拉蘇盧斯……117
禁止占星行為……120
死亡占星術……123
操控皇帝的占星師……125
滿是陰謀的日子……127
成為皇帝的條件……130
哈德良的宿命……132
透過行星運行所得知的壽命……134

希臘化科學之死……136
科學史上的東西之分……139

5 文藝復興大爭論

科學的「黑暗時代」並不存在……141
十二世紀文藝復興……144
阿布·麥爾舍的衝擊……146
說明行星的影響……148
基督教對於占星術的否定……151
羅傑·培根的投機主義……154
經院哲學學者的邏輯……156
被納入大學課程的占星術……158
透過占星術來解說傳染病……160
文藝復興與柏拉圖主義……163
軟性占星術……166
占星術與魔法的差別……169
哥白尼的革命……171
從宿命中解脫……173
克卜勒的挑戰……175
宗教改革與占星術……178
從「數學」轉變成「力學」……183

6 從近代科學脫離

從科學脫離……185
牛頓開啟的道路……189
「計算」行星的影響……192
哈雷慧星的衝擊……194
占星師能發現海王星？……196
天王星與鈾相似……199
重力造成的微小影響力……200
以人類為中心的占星術……203
科學沒有目的……206
寄託人類夢想的大事業……207

7 生存於現代的占星術

學生們的要求……210
消滅占星術宣言……212
媒體的邏輯……214
批評科學權威主義……216
不合邏輯又如何？……219
首先批判占星師……221
資訊化社會下的不安……223
扮演諮商角色的占星術……226

後記……230
解說……233
【注釋】……245

前言

復甦的占星術

根據某調查資料記載，在第一次世界大戰前的美國，大約只有一百則報章新聞有刊載星座相關的報導；但到了現代，光是1千7百50則報章新聞中，就有1千2百則是有關於星座的專欄，其讀者多達4千萬人。

為了滿足這千萬人的需求，占星師約有1萬人，業餘占星家約有17萬5千人。根據世界各地有關於各類占星術的民意調查中，從調查結果得知，有一半以上的受訪者都是占星術迷。

即使是不具有西洋占星術傳統的日本，在第二次世界大戰後，星座專欄開始出現在週刊雜誌一角，甚至成為電視節目的談論內容。

這些閱讀占星術專欄的讀者大眾，不一定代表他們相信占星術，但隨著占星術的發展，已經成為一種社會現象或文化現象，變成社會科學家的研究對象。

以歷史現象來論述近年來占星術的盛行時，就必須提到占星術曾經風靡一世並影響國政的希臘羅馬時期，以及探討「占星術是否為科學？」而引發學者爭論的文藝復興時期，最後則是占星術中興時期的第三期。跟前兩期相比，第三期的特徵是占星術尚未達到知識主流。

無論報章雜誌或大眾傳媒的經營者是否相信占星術，當報章雜誌的銷售量或電視台的收視率受到占星術專欄文章所左右後，他們不得不重視占星術專欄。因此，今日占星術之所以盛行，其實就是一種受到大眾傳媒支撐的次文化。

不反對也不贊成的立場

現代英文中將占星術稱為astrology，自然科學的天文學稱為astronomy，將兩者加以區別。這兩個詞彙原本都是指，主宰出現於天上所有現象的事物，並等同視之。

然而到了近代，隨著牛頓的崛起，樹立了近代科學之際，世人開始清楚地界定兩者，占星術則被逐出學問的領域。

不過，原本被科學家忽視的占星術，近年來竟化身為近代科學評論、機械論評論的形式，與超心理學或神祕學等類別，一同為人所討論。然而，提出評論的學者本身並不是星座或神祕學迷，如果是的話便適得其反，無法提出具評論性的研究。

站在科學哲學的角度，要在科學與非科學之間做區隔是一大問題。過往在大學課程裡，占星術經常被視為科學的一門學問受人討論，即使是身為科學史家的我，對於占星術與科學的關聯性，以及如何被刻意拉遠兩者之間的距離，產生專業上的興趣。此外，我也感受到職業性的義務，要去解開占星術造成影響力的社會性存在形式。

當我開始致力從學術性角度研究時，如果一開始抱持著否定占星術或推廣占星術的目的來檢視，就會帶有個人的偏見。因此，我盡量排除成見，試圖從歷史現象及社會現象的角度來研究。

占星術與知識學問有所關聯，確實有別於其他的雜占（推斷吉凶禍福的占卜術），我希望能透過本書，看透其相關聯之處。

1

迦勒底的智慧

上天智慧之始

占星就是預見未來的過程，因此廣受年輕人的歡迎；占星術是用來解讀遙遠行星的訊息，多少帶有神祕的色彩。由於這些行星自古以來便散發閃耀光芒，古代人與我們一樣，都會將自身的夢想寄託在行星之上。

因此，很多人認為人類在文明未開化的時期，就對占星感到興趣，其實不然。發生於地上的生物現象，遠比天象給人更為強烈的印象，人類為求生存，必須與其他動物競爭，時常採取警戒之心以避免被野獸襲擊，沒有多餘閒暇去觀察天象。社會人類學家弗雷澤（James George Frazer）指出，根據未開化時代的傳說故事記載，當時的人們對於天上的現象並不感到興趣。

埃及、巴比倫尼亞、印度、中國，隨著這些古文明的建立，人們終於有心思並感受其必要性，對於觀察天象感到興趣。然而，並不是所有古文明都對觀察天象產生興趣。有此一說，巴比倫尼亞是觀察天象歷史最為悠久的文明古國，至今成為定論。

根據歷史學家希羅多德（Herodotus）的《歷史》及史特拉波（Strabo）《地理學》等希臘、羅馬古書記載，以及舊約聖經的記載，相傳被稱為東方賢者的迦勒底人，將占星術或天文學等上天知識傳入希臘羅馬文化社會。在西方文明中，它被稱為「迦勒底的智慧」，並成為傳說流傳後世。

在公元前七世紀，迦勒底人是最後建立巴比倫尼亞的種族，他們自居為巴比倫尼亞文化的繼承者。

公元前六世紀，波斯滅掉巴比倫尼亞王國，巴比倫尼亞遺民流亡西方，在希臘羅馬文化中傳入正統巴比倫尼亞文化。因此，提起迦勒底的智慧，泛指巴比倫尼亞文化，如此解釋更易於理解。特別是有關於占星術及天文學的知識，可說是迦勒底人的專長。

從傳說到事實

在古代的西方社會，只能透過由希臘文或拉丁文撰寫而成的古書，或是舊約聖經上的零碎內容，才能涉獵到有關於巴比倫尼亞文化的知識。當時在巴比倫尼亞也有將文字刻在乾燥黏土板上的習慣，形成獨特的楔形文字，但文字讀法冗長不易記誦，沒有任何人能解讀。

然而，進入十九世紀後，隨著楔形文字的解讀技術更加先進，陸續揭開未知的全新史實，研究者也為之振奮。

有關於巴比倫尼亞占星術，相傳是伴隨希臘羅馬文化擴散開來，但實際比對書寫於黏土板上的楔形文字並正式展開近代化研究的時期，還是在於十九世紀。

根據查爾斯・麥克連（Charles Victor McLean）於一九二九年撰寫的著作《巴比倫尼亞占星術與舊約聖經的關聯》（Babylonian Astrology and its relation to the Old Testament）記載，在一八五三年三月七日誕生有關於楔形文字的近代化研究中，有位名叫愛德華・因克斯（Edward Hincks）的東方研究學者，在那天找到刻有巴比倫尼亞曆月份名的黏土板。

接著在一八七六年，數片同種類的黏土板重見天日，如此一來就能開始研究巴比倫尼亞占星術。

自此以後，隨著一些帶有占星術含意的全新黏土板翻譯出來，並從中獲得新的知識，希臘羅馬占星術的前身更加浮現。此外，跟巴比倫尼亞周遭區域的記錄相比，也能探究這些區域是如何受到巴比倫尼亞的影響。

泛巴比倫主義

然而，隨著巴比倫尼亞楔形文字的翻譯解讀工作持續進行，看到了逐一出現在眼前的巴比倫尼亞文化，學者從中受到鼓舞，也在不知不覺中高估了巴比倫尼亞文化。

當巴比倫尼亞文化與周遭文化有共通之處的時候，光是排列並對照兩者的差異，無法找出影響的起源。不過，有一套假設已成為定論並加以蔓延，那就是「泛巴比倫主義」或「放射說」等一切文化都是源自於「迦勒底的智慧」，並且從巴比倫尼亞單點呈放射狀，擴散到周遭的文明。

德國學者特別深信這類理論，他們在十九世紀末至第一次世界大戰之間，為了協助威廉二世強化權力，在古都巴比倫進行大規模挖掘，後來挖掘工作因大戰中斷。他們對於巴比倫尼亞文化的憧憬與執念，正是泛巴比倫主義的凝聚。

在一九三〇年代的日本也是如此，根據東洋史學者飯島忠夫博士的論點，古代中國的所有天文學皆源自巴比倫尼亞，這就是泛巴比倫主義的典型論述。相對之下，京都的新城新藏博士則以天文學分析的角度主張中國文化獨立發展說，這似乎是不容易找到結論的論爭。

根據飯島博士的泛巴比倫主義論點，他認為從殷墟挖掘出來的甲骨文，其實是來自於之後基督教活躍時期的漢代前後；但現代學者已論定甲骨文為殷商時代（公元前十四世紀～公元前十一世紀）文字，飯島博士的泛巴比倫主義顯然站不住腳。

即便如此，提到占星術或人們對於天象的興趣，還是要回溯到巴比倫尼亞。

站在歷史的觀點，巴比倫尼亞的天文發展並非無中生有，在巴比倫尼亞的天文學與占星術突然現身之前，在這之前應該還有一段歷史。我想先從還不值得評論天文學或占星術的時期，也就是受到神話與傳說點綴的前期歷史，來介紹占星術的演變。

地上眾神登天

所謂的歷史學，就是藉由留存於世上的文字記錄進行研究的學問。提到巴比倫尼亞，也就是底格里斯河與幼發拉底河經過的兩河流域，因文字記錄的出現，讓歷史學研究備受矚目。

在文字出現的時期，巴比倫尼亞已形成眾多城邦，各城邦皆有各自的宗教信仰，並以神殿為中心逐漸發展。眾神生於地上，在人們建立的神殿中接受祭祀，當時世人還沒有連結天與地的想法。

在漢摩拉比國王建立王朝之前的拉爾薩王國時期（公元前二〇二五年～公元前一七七〇年左右）起，人們開始對上天感到興趣，眾神被賦予了與宇宙相關的含意。

上天的天神與神的僕人，也就是地上的人類，兩者互相往來，因此要對上天抱持敬畏之心，當時產生了這樣的世界觀。原本認為神居住於地上的古老信仰開始改變，上天之神所反映的現象是：全新宗教的創立。

地上的民間故事轉變成天體天象的運行，地上的歷史也成為上天的神話並獲得保存。比起文字記載，以神話的形式被說書人傳述下來的內容，更為單純、抽象，也可以作為詩與散文的形式，更易於口述傳承。

有關於神的名稱，雖然使用以往的稱謂，但到了現在，世人已經將神與行星連結，並以相同的詞彙來稱呼神與行星。神所居住的山林在以往被視為聖地，但後來神明的住所變成了天上的行星。於是，無數的先祖神在天上被人們祭拜，祂們的存在變得無與倫比般崇高。

此外，神殿也產生全新的意義。以往人類會在神殿內舉辦儀式，以聽取預測未來的神諭；但之後人們開始走出神殿，並敬仰天空。

神官雖然依照以往的方式，也會在神殿舉行儀式，但他們開始學習有關於上天的知識，從天象判讀神的旨意，以將旨意傳達給世人。

從此以後，所有的天象都與相呼應的神之聲，都能獲得一套解釋。因此，天與地之間的關係產生學習及研究的價值，這就是天象的學問之始。

七曜的宗教

由此可見，巴比倫尼亞的宗教深受天空學問所影響，例如神殿的結構或器物，也毫無疑問地受到天空之學問的影響。巴比倫尼亞神殿的特徵，是具有天文台功能的高塔。

天上最顯著的天體（星體）為太陽、月亮，以及在天體之間移動的水星、金星、火星、木星、土星之五大行星，此七顆天體被稱為七曜。

此七大天體被視為天神的神殿，相對應的地上神殿（塔廟）設有平台，神可藉由這些平台升天，再次回到地上。

從神殿權力者——神官主掌的宴會或祭典，也能看出對天體產生興趣所造成的影響；以往只有在播種或收成時期才會舉辦祭典，自從與天空相關的宗教形成後，祭典的日期開始與天空產生關聯。

對巴比倫尼亞的宗教而言，最重要的是月亮的月相，也就是滿月及弦月等盈虧圓缺，這比太陽在黃道十二宮的位置更易於觀測。因此，自古以來月相一直是引起人們關注的天象。

他們採用的曆法稱為陰陽曆，跟日本在江戶時代以前所採用的舊曆相同，是依據月亮盈虧圓缺與一年的時間長短調整而成。從晝夜時間相同的春分開始，到下一次春分為一年的時間，一年之間月亮約有十二次盈虧圓缺，因此一年有十二個月。

其曆法的主軸為月亮的月相，不是太陽。某月某日的特定日子，代表月亮的月相。每月的一日必定是新月，七日為弦月、十五日為滿月。月亮接著開始產生圓缺，到了二十九日或三十日時完全看不見月亮，其週期為一個月。

在漢摩拉比國王掌政的時代，將每月一日、七日、十五日、二十八日訂為祭祀的日子，這幾天剛好是新月、弦月、滿月、晦月。

因為在滿月的隔天開始，月相會產生圓缺，百姓便擔心是否會遭致眾神的不悅，因此在滿月之日會在神殿舉行特別祭典，以安撫神靈。由於二十八日為看不見月亮的日子，所以人們會在這段期間服喪。

以希伯來文明為例，七日弦月的「七」這個數字，以一週七天來說具有特別含意；在公元前一八〇〇年左右的巴比倫尼亞，弦月七日也是休息之日。在這一天，不會有人遭受鞭刑，媽媽不能打罵小孩，無論是一家之主、工頭、工人等都必須停下手邊工作休息，也不能在墳墓掩埋遺體，要打官司的百姓也不能上法庭。

七日是巴比倫守護神馬爾杜克的聖日，醫生在這天不得接觸病人，也不能許願。

因此，神官在進行儀式時候，依據天體或曆法的「曆數」，具有神祕的含意。

五與七這兩個數字尤其重要，前者五為行星的數量，後者七代表月亮的月相（新月至上弦、上弦至滿月、滿月至下弦、下弦至新月，也就是一個月的四分之一為七日）。

將這些數字相加或相乘後，可算出十二或六十，這也是相當重要的數字。現在的時間單位也會用到十二進位法與六十進位法，皆是起源自巴比倫尼亞。

漢摩拉比國王的創造神話

在先祖神升天後並能操控天體的瞬間，天文現象與神話的連結便成立。根據記載，在比漢摩拉比國王時代更早的時期，天文與神話已有關聯。

伊絲塔從地上的女神成為金星女神的過程，有這麼一段故事。故事描述伊絲塔為了統治天地萬物，臣服於天神安努，想要取得安努配偶的地位。

安努接受伊絲塔的乞求，讓伊絲塔不分晝夜都能散發光芒，並宣告所有歸屬於安努的萬物，未來都得歸屬於伊絲塔。

伊絲塔原本主掌植物生長，在太陽神殿的都市裡，無論所到何處都是受人崇拜的女神。然而，由於安努神的宣言，讓伊絲塔成為天上的女神。此外，伊絲塔為了治理天界，劃分了眾神的統治區域，確立了分工體系。

當漢摩拉比國王建立第一王朝後，神官有感王權的強大，向國王諂媚獻策，讓巴比倫成為權力集中之地。將原本分布於各地的眾神權力，集中於巴比倫城守護神馬爾杜克一身，試圖確立神明的中央集權制。

漢摩拉比國王自身也想打造王朝的新時代，因而編造出巴比倫尼亞的創造神話。

眾神原本在地上生活，歷經數個世代，後來天神陸續現身，從原始神祇基沙爾（地神）與安沙爾（天神），誕生了安努、恩利爾、恩基、馬爾杜克、伊絲塔，文字記錄歷史的時期一開始，這些神明就開始受到人們的信仰。

之後在眾神之間持續上演新舊世代的抗爭，在用盡一切祕術以求生存的結果，馬爾杜克身為現實世界的統一者，立下顯赫功勳，並獲得眾神認可，成為眾神之首。

此民間故事夾雜了地上的歷史動機與天神的行為，象徵漢摩拉比國王的馬爾杜克，以巴比倫天體信仰之首的地位，取代了古代眾神，並且將新世代眾神供奉於萬神廟。馬爾杜克取得眾神同意，獲得統治權。

化身為天體的眾神

當天象與地上人類的行為直接產生關係時，這時候會顯現出占星術的面貌。根據占星術的解釋，如果發生日食或月食，代表太陽神或月神被惡魔擊敗，是不祥之兆，因此要趁著陰影掠過太陽或月亮表面時，持續進行驅邪儀式。

此外，有關迦勒底天體的神話，可歸納出日月火水木金土之七曜崇拜；伊絲塔為金星神、奈爾伽爾為火星神、馬爾杜克為木星神。此外，根據占星術的解釋，天上的天體特性會反映出各種神明的性格與行為，並影響到地上萬物的運行。換言之，原本天體（星體）的特徵只有色彩、明暗、移動方式，卻開始具有人性。

金星的特徵是表面為黃色且美麗，就像是月神——辛的女兒伊絲塔，也就是戀愛女神。因此，當金星出現時，代表好的兆頭；相較之下，火星的表面是紅色的，看起來像是殘酷的血，就像是殘暴的戰神奈爾伽爾。因此，當火星出現的時候，代表凶兆已現。

因此，透過神話故事中的各種神明，將火星比喻為惡人的化身、將金色比喻為好人的化身等，每個行星被賦予不同的性格，以當作占星的參考。舉例來說，像是木星隱藏在月亮後方的掩星天文現象，代表木星神馬爾杜克隱藏，也就是馬爾杜克化身的國王死亡之意。

附帶一提，為何眾神之首馬爾杜克的化身不是太陽，而是與木星有所關聯呢？在寒帶、溫帶地區，太陽雖被視為宇宙的中心而受到人民推崇；但對於居住在沙漠的百姓而言，太陽的存在受人忌諱。如同後面單元介紹，由於木星具有潮濕的性質，也許對於巴比倫尼亞的居民而言，木星會比太陽更為討喜。

到了希臘文化時代，這些天體含意更為組織化，神的名稱也有所改變；到了羅馬文化時代，名稱變成拉丁語，成為英語名稱的起源。

行星／符號	巴比倫尼亞	希臘	羅馬字↓英語
太陽 ☉	沙瑪什	海利歐斯	阿波羅
月亮 ☽	辛	塞勒涅	黛安娜
水星 ☿	納布	荷米斯	墨丘利
金星 ♀	伊絲塔	阿芙蘿黛蒂	維納斯
火星 ♂	奈爾伽爾	艾瑞斯	瑪爾斯
木星 ♃	馬爾杜克	宙斯	朱庇特
土星 ♄	尼努爾塔	克洛諾斯	薩圖恩

根據多神教所發展的占星術

日本人可能不太熟悉，西方人因從小閱讀聖經長大，應該都有看過聖經裡有關於占星術的記載，因此對占星術耳熟能詳。聖經裡預言者所說出的話語，感覺像是一位占星師。

舊約聖經原本是猶太教的主要經籍，公元前八世紀時，以色列的說書人在撰寫從創造天地萬物時期，隸屬猶太人的歷史時，也許曾仿效身為文化先進國的巴比倫尼亞歷史結構。根據推測，以色列早期的歷史學家們十分通曉巴比倫尼亞的神話傳承，在撰寫歷史敘事時自由發揮了自身的知識。

然而，從巴比倫尼亞天之宗教所顯現的占卜或偶像崇拜，其實都是以多神教為基礎。另一方面，西奈山的雅威神原本只是自然崇拜的對象，卻因摩西的關係晉升為以色列民族之神，由於以色列人僅信奉雅威神，並逐漸以一神教為核心，促進以色列民族的融合。

因此，多神教是以色列人想要迴避的信仰，倒不如說，他們想要與從鄰國傳入的星辰信仰及多神教引誘中，下意識地劃清界線。

然而，在亞述王國更為強大的時代（公元前九世紀～公元前八世紀），星辰信仰逐漸盛行，並對居住在幼發拉底河流域的以色列人造成極大影。以色列的亞哈斯國王仿效亞述王國建造祭壇，並將祭壇安置在神殿中。

在亞述王國長期掌權的時期，以色列文化也被亞述軍隊與外交使節所帶來的亞述文化所玷汙，在耶路撒冷神殿裡，巴比倫尼亞與亞述的眾神，一同與雅威神受人祭拜。

在巴比倫囚虜時代（公元前五九七～公元前五三八年），以色列採用了巴比倫尼亞的曆法，某種程度接納了巴比倫尼亞的神殿儀式。

然而，在該時期之後，巴比倫尼亞的影響逐漸式微，「天神」、「我們的天父」等用語表現開始固定化。

這裡所指的「神」為一神教的神，不是巴比倫尼亞的多神。對於上天也是以大寫單數的 Heaven 來表現，而非 Heavens。這時候，人們已經不再將行星的存在視為是天神權威。

不過，到了希臘化時代，在民眾之間盛行著滿足個人需求的占星術，猶太教的領袖們當然無法默許占星術在百姓之間傳播，因為占星術的概念是各天體皆有相對應的眾神，也是基於多神教所發展而成。

此觀念延續至基督教，無論是古代、中世紀，或是到了近代，基督教與占星術屢屢發生對立，其背後的問題在於一神教與多神教中對於天體的觀念差異。

天變占星術與宿命占星術

當地上的神明被捧上天後，眾神的意志會影響地上萬物的信仰，信仰開始組織化，並產生像占星術這類的整合性知識。其時間為公元前一千年左右，其起源為以下要論述的天變占星術。

現在我們所熟知的占星術，主要性質是算出個人運勢或命運，但在現代占星術之前，還存在著其他類型的占星術。例如算出即將發生於天上讓人感到不安的災難，或是造成地上災厄的前兆等，也就是預測即將到來的災厄。

這種占星術被稱為「天變占星術」，中文的「天文」，是探討發生於天上的現象，以及對於地上人事物所造成影響的學問。日本繼承了來自中國的天文學，持續至江戶時代。所謂的「天文」，就是天變占星術。

相較之下，如同後面單元所述，構成本書主題有關個人運勢與命運的占星術，則以「宿命占星術」加以區別。

這裡，我想先論述天變占星術中，最為顯著的題材。天上最嚴重的變化中，首要為出現日食、月食及彗星，接著是發生日暈、月暈、新星、流星雨、隕石等現象。地上則會發生各式各樣的災難，例如地震、打雷、洪水、旱災等天災，以及國王或王族死亡、生病、戰亂、叛變等人禍。

這些是在大面積區域中所觀測到的共通天變現象，是在廣大天下中造成影響的天地災難。雖然國王、王族等政治上的權力者死亡，屬於個人的事態，但因為其影響會擴及天下，就屬於天變占星術的對象。

提到天變占星術的原理，首先要談論「天地相關主義」與「經驗主義」。

天上發生日食等異常天象時，地上的天子死去，這時候基於天地相關主義的原理，天與地之間產生關聯，兩種事件相互連結。如果某一天天空同一處位置發生日食，根據天地相關主義的解釋，人們就會擔心地上的天子是否會死亡。

例如中國漢代有以下記載：「二八九年正月與十月初一，發生日食。隔年二九〇年四月，武帝駕崩。」

因此，世人盡量記下天變與地上變異的資料，試圖找出兩者相關關係的規則性。也就是說，尊重過去經驗的經驗主義，構成天地相關主義的主要原理。

但是，天變與地變並不像自然科學的法則般，藉由必然的因果關係相互連結。此外，如果被必然性法則所限制，即使做了預測也沒有太大意義。發生日食的時候君王會死亡，如果這是無法避免的命運，也只能順其自然靜觀其變。

占星師的登場

由於天變占星術是試著連結天與地這兩個看似不相關的相異世界，無法百分之百預測正確的結果。也就是說，重點在於機率問題。此外，天變與地上的災厄之間存在時間差，帶有預報性與預防性。

當發生天變時，天上向地上傳達某種訊息後，人們要盡快解讀天上的訊息，以預防即將到來的災厄，這跟氣象預報是相同的原理，具有實用性價值。

舉實際的例子會更易於理解，學者從亞述王國時代亞述巴尼拔國王（公元前七世紀）的書庫中，挖掘出大量刻有楔形文字的占星術史料黏土板，解讀其中內容後發現以下的記載：

當火星逆行來到天蠍座時，國王要特別注意，這天的運勢極糟，國王不能走出宮殿。

天與地的現象，原本是依照事實感知的純粹經驗，但將這兩種現象連結所做出的解釋，則帶出了人類潛在的價值觀。以上一段的楔形文字記載為例，因為人類對火星與蠍子都有不好的印象，當看到兩者重疊後，便提出將帶來厄運的解釋。

對於古代東方專制君主而言，天變占星術他們最注重的一環，屬於帝王學的一部分。因此，君主會任命專注於觀測天象的專家，以預測天變。此職位的工作是彙整傳統成規或記錄天變，在當時是唯一的知識階級神官。

每當有突發事件時，他們會調查過去的記錄，找出發生相同天變的時候，在地上產生什麼樣災厄，或是解釋天變的含意並向天子報告。此類的神官兼天文觀測官員，是占星師或天文學者的祖先。

天子收到報告後，會立刻下令官員採取預防災厄的措施。但古代並不像現代，看到氣象預報後能即時透過現代化措施來預防洪水或漲潮，大多只能進行祈禱或驅邪等儀式。

占星師也會負責驅邪儀式，他們會事先警告天子，發生天變時天災會降臨到地上，得採取加持祈禱等預防措施。如果沒有發生災厄，代表預防措施產生效果，占星師會獲得天子的犒賞。換言之，占星師就像是引火後提水自救的雙面角色。

天下國家的機密

專制君主極力向天下彰顯自身的地位受到上天眷顧，以獲得至上無上的權威，因此在中國或日本，君主又被稱為天子。

天子試圖獨占上天，只有天子才能掌握天變占星術的資訊，如果起義的首領獲得這些資訊，他們應該會利用相同的天變訊息來推翻王朝吧！當天變傳達當今皇帝即將死去的卦象時，反叛份子勢力壯大的機率，會比天變占星術徵兆成真來得更高。因此，像這類天變占星術的資訊，可說是一國之中最高的機密。

由此可見，天變占星術與天下國家有直接性關聯。因此，當時的占星術會比追求規律的科學性天文學，有更高的地位。

規律是死板而無趣的，至少專業科學家以外的人都會這麼認為吧！太陽每天早上從東方升起，這是不變的規律，但這是理所當然且平凡無奇的事實，除了想要準確預測日出時刻的專家，沒有任何人會感到興趣。

相對地，如果太陽從西方升起，就會成為天變占星術的嚴重事件。在現代社會，應該不會有人將天變記錄放在「今年的十大新聞事件」；但從巴比倫尼亞或古代中國君主的問題意識來看，年度大事會以天變占大多數。像是記錄中國王朝史的「帝紀」，就有許多有關於天變的記載。

也就是說，古代人會將上天視為發生事件的場所，而不是產生自然規律的場所。就像是，以現今新聞記者的角色來看上天，而不是科學家。

所謂的尋求自然規律，是透過科學家眼中所見找出事實，事實具有規律性，對於一般人來說，其影響就沒有天變那麼強烈。

東方占星術的遺產

在東方社會中，歷史學為學問的原型，因此天變占星術會透過史料記載流傳，長年來延續到十九世紀。然而，在西方社會，伴隨著宿命占星術的應用，天上的學問是以規律性的科學為基礎而發展。因此，在西方很少留存有關於天變占星術的記錄。

此外，在東方的中國或附庸國朝鮮、日本等國家，由於天變占星術屬於官衙的例行工作範疇，並有一套專門制度，天文官員具有觀測天變的義務，官衙經常保存大量的記錄。在中國持續至清朝末期，在日本到江戶時代為止，皆有專人記錄並收集天變的資料。

在這類的記錄中，像是記載日食、月食或彗星的記錄，可當作尋求規律性的資料，作為科學的一部分，對於天文學有極大的幫助。現代社會已經能精確地預測日食或月食的發生，世人了解到彗星是順著橢圓軌道週而復始地回歸，在計算這些天文現象的週期或軌道時，過去的記載便有極大的貢獻。

更重要的是有關於新星的記錄，公元一〇五四年，從中國的《宋史》與日本的《明月記》都可見「客星」的記載，客星就是現代的超新星，也就是出現一顆沒見過的星星。

十八世紀，天文學家透過望遠鏡從對應客星的位置，發現了蟹狀星雲。此外，在第二次世界大戰後，天文學家還觀測到這顆客星發射了電磁波。因此，歸功於荷蘭與東方天文學家的合力觀測記錄，確認超新星的爆發到星雲的產生，以及發射電磁波等現象，在天文學界造成廣大的話題。

超新星在歷史上屬於一次性的現象，自從有歷史記載以來，在東方天變占星術傳統中，超新星的出現都會被記錄下來，主要提供天變占星術的參考，而不是為了物理宇宙學，但對於宇宙生成論而言卻是極為重要的貢獻。

也許是食髓知味之故，西方的天文學家為了找到類似的記載，從此以後不斷地尋求東方天文觀測記錄的英文翻譯版，雖然找到一些古老時代文獻的英文翻譯，但十七世紀以後的記錄，還沒有完整的英文翻譯版。

從天文學誕生的天變占星術

天變占星術不具數學性要素，與屬於精密科學的天文學之間有遙遠的距離，但同樣在巴比倫尼亞，自從屬於精密科學的天文學成立後，以天文學為基礎的數學性占星術蓬勃發展，也讓占星術的內容有顯著的改變，於是宿命占星術隨之登場。

有別於為了君主而推算天下國家運勢的天變占星術，宿命占星術仍是用來推算個人運勢的方式，無論是君王或百姓，占卜的原理相同，算是極度民主化的占卜方式。當嬰兒誕生或女性懷孕時，會觀察日月五行星之七大天體位置或排列，算出運勢。

原本宿命占星術盛行於有能力僱用占星師的富裕皇族或貴族階層，但任何人都有想要獲知自身運勢的慾望，因為普遍性的需求而使宿命占星術突然普及於各階層。

在公元前兩千年紀的巴比倫尼亞，因受到東方專制主義的統治，為了加強天子統治力而施行天變占星術，是理所當然的事情。不過，在公元前第一千年紀前半（公元前一千～前五百年）之前，占星術仍僅停留於經驗性的天變占星術。

直到天文學急速發展的公元前第一千年紀後半，主要用來推算個人運勢的宿命占星術，開始被應用在天文學的領域。

根據西方的歷史，占星術的主流從天變占星術轉移到宿命占星術，其中的分隔點是公元前五世紀至公元前四世紀時，在巴比倫尼亞成立了精密天文學。

換言之，當人們理解天文學中的宇宙現象，或是行星運行或日食、月食的原理，並且能加以預測後，對於天變的恐懼感開始消失，並認識到這些現象原來具有規律性。於是，人們才發現到自己的人生會受到天變的影響，並能規律性地預測並計算。

留存至現今最古老的宿命占星術，是公元前四一〇年的巴比倫尼亞楔形文字。根據文字所示，在當時如果有貴族生子，占星師會根據行星的位置或排列來算出小孩的未來。雖然不像當今的天宮圖（人類出生時標示行星位置的天體圖）如此完整，但巴比倫尼亞楔形文字的確是用來推算個人運勢。

到了希臘羅馬文化，尤其在希臘化時代，天宮圖更為盛行而成熟。

從本章論述來看，希臘羅馬文化典籍所提到的「迦勒底的智慧」究竟為何？是巴比倫尼亞的古老天變占星術知識呢？或是新成立的宿命占星術？其實迦勒底人的智慧涵蓋了一切要素，甚至還加上一些魔法般的要素，但主軸在於公元前四世紀左右的巴比倫尼亞天文學，宿命占星術則是屬於衍生的應用形式。

2 希臘人的科學

提升市民價值

在公元前四世紀時，迦勒底的智慧傳入希臘世界，以現代語言來形容，就像是技術轉移。迦勒底人的天文學、占星術之科學具通用性，如果接收方具有高度知識與文化水準，傳入並非難事。然而，如果不是與地區需求緊密連結的技術，傳入的也不見得會被接納。因此，我們先來探討希臘人的社會條件。

希臘人是民主主義之祖，有別於面積廣大的美索不達米亞，希臘屬於小型港都的都市國家，要統治並管理國家，並不需要將強大的權力集中在君王一人身上，可透過市民的合議制來決定政策。市民經常透過辯論的方式來表示意見，不僅是有關於政治的問題，無論是哲學、科學、數學，或是個人命運等，都是以辯論的方式來傳達。

有別於古代近東專制時代，百姓在君王面前如同螻蟻般渺小，希臘的個人價值大幅提升，宿命占星術傳遍市民階層，也形成了普遍接納宿命占星術的社會基礎。

由於科學具有普遍性，無論誰去實行，應該都會獲得相同的結果，也不會受到科學家個人的資質或直覺所影響。然而，宿命占星術具有高度精密科學的成分，不是任何人都擁有精準計算的能力，因此需要專家的解析。

當某些人具備常人所欠缺的特殊能力時，會創造各式各樣的傳說，因而產生令人敬畏或敬而遠之的異能者。很多人會有所混淆，將天文學家與占星師誤認為是異能魔法師，其中也有占星師利用他人的混淆，自稱為異能者來蒙騙他人。

這些異能者從東方而來，在希臘化時代，巴比倫尼亞的迦勒底人受希臘市民雇用，作為服侍征服者的知識奴隸，他們以天文學、占星術專家的身分，取得受雇的機會。

羅馬時代的希臘人也處於相同的境遇，希臘占星師同樣身為羅馬市民的知識奴隸，以占星術專家的身分受雇。想當然，因為雇用者所處的市民社會中，極度重視市民個人的運勢，並且有經濟的餘裕能支付報酬給知識性服務，才促使這些職業的形成。

為了製作宿命占星術專用的天宮圖，必須要準確地觀測人類出生時的天體（星體）位置，王公貴族會僱用專業的天文學家，當小孩出生時請他們觀測天象。不過，如果小孩是在白天出生，或是礙於某些因素而無法即時觀測天象時，該怎麼辦呢？

這時候只能依據小孩出生的時刻，計算天體的位置，也就是需要具有定量性與數據的實用天文學。

然而，在公元前四世紀前，希臘人欠缺類似的感受力，喜愛辯論的他們，對於宇宙的現象或天體運行等，都會以政治辯論般的口吻來討論，不太在意瑣碎的數據。此外，他們也缺乏敏銳的感覺，無法讓現實中所觀測的世界與根據理論計算的世界趨於一致。

例如，公元前四世紀前半，古希臘哲學家柏拉圖的弟子歐多克索斯（Eudoxus），應該是第一位具有迦勒底智慧能力的人物，但他對於宿命占星術採取否定態度。最起碼在古希臘時代的希臘人，並不具備推算宿命的能力。

亞歷山大大帝的傳說

很久以前，當希臘被世人高估為西方文明原點的時期，講究邏輯性的希臘人不可能會認同像占星術這類的奇異擬科學，在希臘學者之間就存在諸如此類的堅定論點。然而，當時的希臘人其實將占星術視為合理性行為。

占星術活動的中心地，並不是在古希臘文化的中心古雅典。公元前三三二年，亞歷山大大帝征服埃及後，希臘人在尼羅河河口建立了殖民地亞歷山卓，巴比倫尼亞的天文學，與希臘或埃及的傳統在此融合。

自從亞歷山卓暫時成為希臘羅馬文化的中心地之後，埃及人傳入了占星術，並傳至後世。然而，如同前述，占星術其實源自於迦勒底（巴比倫尼亞）的智慧。

在此引述有關於亞歷山大大帝的占星傳說。

亞歷山大大帝的母親——奧林匹亞絲臨盆之時，有一位名叫納塔內波的埃及占星師，勸告奧林匹亞絲要延後生產的時間，這樣才能在天體運行的最佳時刻產子。奧林匹亞絲聽從納塔內波的勸告，強忍腹痛延後生產時間，順利產下亞歷山大。

這是有關於亞歷山大大帝的占星傳說，聽起來像是虛構的故事，這也許是後代職業占星師所流傳的宣傳版本。這則傳說故事據說是在公元一世紀被編撰而成，也從中證實在編撰故事的當時，宿命占星術的觀念已經逐漸普及。

從天變占星術的威脅中解脫

日食或彗星等天文現象，依舊讓人感到恐懼，並引起世人的密切關注。即便如此，這些天文現象不再是僅限君王才能觀測的特權，無論是日食或月食都能藉由希臘人的合理性想法及數理性科學，理解到這些現象的發生道理，並加以計算及預測。

相較於月食，地球上分為看得到月食跟看不到月食的地區，要預測月食的確非常困難。但是，透過合理化的方式解開真相，當人們發現這些並不是天變現象，而是例行性的天文現象後，就不會產生恐懼的心情。

直到英國天文學家哈雷（Edmond Halley）計算並預測彗星將再度回歸之前，彗星都被世人認為是異常天象；但亞里斯多德等希臘人，則是提倡天與地是受到相異法則所支配的天地雙重性原理，這是在受到巴比倫尼亞占星術的天地相關原理所影響之前，於希臘成立的科學。

根據希臘人的科學理論，天體的運行是圓周運動，沒有起點也沒有終點，因此具有恆久不變的特性。於是，人們可依照必然性法則，來加以計算受到恆久不變天體所決定的宿命。

另一方面，地面是直線運動的世界，具有起點與終點，是有限且變幻無常的世界。因此，天變地異不屬於宿命占星術的對象，並被解釋為平凡的現象。

到了中世紀，每當彗星出現造成人心惶惶時，神職人員就會現身，安撫無知的人民，強調在天上之父為神聖且恆久不變，不會製造出如此怪異的天體，這些現象就如同地面的熱浪微不足道，沒有必要擔心。

因此，在東方或巴比倫尼亞的公共官僚制度中，已不再組織性地收集天變占星術相關記錄。

諾伊格鮑爾的「歷史」

接下來在論述占星術具科學的另一面之前，在此我想先做個論述。在比較各地天文學或占星術的時候，如果行星、星座、月日的名稱，或是天文學性質的數值（例如一個月或一年的長度等）趨於一致，就可以確認相互關聯性。像這些用於天文學及占星術的用語，具有可稱為專有名詞的特殊意義，比起其他類別的學問，可說是決定文化影響關係的關鍵要角。

就像是放射性物質進入身體後，可透過示蹤劑來追蹤其含有的物質是如何在體內移動，從中了解路徑。這類的影響關係不僅對於占星術，在作為一般文化交流史的關鍵因素上，也帶有重大意義。

戰前的巴比倫尼亞占星術，還是屬於經驗法則性質。相較之下，希臘的占星術偏向數學性，這是受到天文專家認同的論點。

當時的希臘，誕生了幾何學之父歐幾里得或阿基米德等數學家，被視為西洋數學或現代數學的源流，古希臘崇拜也在西方文化中扎根。因此，當時的人們認為，巴比倫尼亞的主流是沒有運用數學的天變占星術；希臘的主流是透過數學來計算天宮圖的宿命占星術，兩者是依照功能性區分的共存關係。

不過，到了戰後，奧圖．諾伊格鮑爾博士（Otto Eduard Neugebauer）及同派學者，大幅改變巴比倫尼亞天文學的解釋，他們認為希臘與巴比倫尼亞的並列關係，其實是一方影響一方的縱向關係，因此是從巴比倫尼亞傳自希臘的單方影響。無論如何，宿命占星術也是源自於巴比倫尼亞。

但這些理論並不是依據過往毫無批判性的泛巴比倫主義，諾伊格鮑爾學派並不相信神話或傳說中模稜兩可的記載，而是深信定量性數值。他們透過解讀楔形文字資料後加以證明，跟巴比倫尼亞主義者所提倡的時期相比，在更晚的公元前五世紀開始，巴比倫尼亞的數理天文學才趨於繁盛。

他們認為巴比倫尼亞的光榮時期，不在於古老的公元前數千年紀。從數學科學文化的成熟時期來看，公元前五世紀開始的巴比倫尼亞文化，才具有真正的價值，並有極高的可信度。因此，他們對於經常將神話與數學混為一談，且談論巴比倫尼亞古老光榮史的泛巴比倫尼亞主義者，抱持著批判性態度。

於是，從紀元前第一千年紀後期開始，巴比倫尼亞文化，也就是所謂的「迦勒底的智慧」，開始傳入古希臘或希臘化文化或產生影響。換言之，希臘的精密科學是受到巴比倫尼亞的影響而發展。

那群歐洲的希臘文化學者，一開始無法認同偉大的希臘，竟會屈居於亞洲的巴比倫尼亞之下，並指責諾伊格鮑爾的論點荒謬至極。而且也有人認為，像柏拉圖等偉大的哲學家，不太可能會受到巴比倫尼亞這類的野蠻文化所影響。

至今依舊有學者批評諾伊格鮑爾一派，認為他們過於依賴數據，沒有考慮到宗教信仰、魔法、神祕主義等更廣泛的文化因素。然而，即使諾伊格鮑爾一派有過火之處，大多數人還是不得不接受他們的論點。

從諾伊格鮑爾一派的論點來看，歷史只能透過經過證實的資料來逐一組合而成。如果毫無批判性地相信神話或民間故事，並加入後代研究者的想像成分，無論經過多久，也無法產生具有公信力的歷史。

黃道十二宮的產生

有關於黃道十二宮，也有相同的議論。

我會在後面的單元詳述黃道十二宮，黃道十二宮可說是宿命占星術的基本原理。泛巴比倫主義者認為，黃道十二宮也起源於更古老的時代，但如果宿命占星術是在公元前五世紀產生，在公元前五世紀之前是天變占星術盛行的時代，那麼是否還需要黃道十二宮呢？

黃道十二宮是以數學的方式，來得知七大天體的正確位置。在現代天文學中，為了決定天體的位置，會以天球上的赤經、赤緯的座標值來標示，但黃道十二宮是更早的類似標記方式，可算是子午線的前身也不為過。

因此，巴比倫尼亞的天文學快速轉變為精確的精密科學，並產生、衍生出天宮圖占星術。由以上來看，黃道十二宮是在公元前五世紀至公元前四世紀時形成，如此思考更為自然。

某些早期世代的東方主義學者，對於自己所發掘出的古代遺跡深深感動，幻想起建立星座名稱時期的神話傳承世界，因而將所有事物的起源都歸類於古老時代。

然而，後代的東方主義學者會以嚴謹具批判性的態度，仔細地審閱這些資料，如果只是零碎性地出現星座之名，或是發現一些類似的星座圖，公信力不足。如果站在精密科學的立場，古代天文學是透過留存的數據記錄被再次建構而成，身為其代表的諾伊格鮑爾學派認為，黃道十二宮是在公元前四世紀左右，在巴比倫被當作天文學用途。

拿破崙遠征埃及時，在埃及伊西斯神殿天花板的丹達臘天體圖中，發現了黃道十二宮圖案，有學者認為那是古法老時代的遺跡，主張黃道十二宮起源於埃及。

然而，根據諾伊格鮑爾的論點，只有在公元前四世紀起，亞歷山大大帝征服埃及後，才能找出黃道十二宮在埃及被運用於天文學的證據。丹達臘天體圖是托勒密王朝的產物，天體圖中隨機夾雜著天文神話與希臘化占星術（諾伊格鮑爾《The Exact Sciences in Antiquity》Dover Publications，一九六九年）。

天宮圖占星術的特殊性

無論在巴比倫尼亞或中華文化圈，都相當盛行天變占星術，但這兩個地區未必有資訊互通的情形。也就是說，在相同的社會條件下，有可能會出現同樣的天變占星術。

相較之下，起源於巴比倫尼亞的宿命占星術，具有顯著的特徵。不過，宿命占星術不是隨便透過天體運行狀態來推算運勢，而是依照記載黃道十二宮上的七大天體位置的占星表進行占卜，稱為天宮圖。

因此，起源於巴比倫尼亞的宿命占星術又被特別稱為「天宮圖占星術」，並成為現今占星術的主流，也是巴比倫文化傳遞的示蹤劑。

天宮圖出現在希臘的時間，是亞歷山大大帝之後的時代。為了與亞歷山大大帝時代以前的古希臘時代科學做區別，亞歷山大大帝時代以後的希臘人科學，被稱為希臘化的科學。宿命占星術是希臘化時代的科學之一。

我之所以提到宿命占星術是希臘化時代的科學之一，是因為宿命占星術與以往的天變占星術、估算日子好壞（擇日）的黃道吉日、星辰信仰等截然不同，是植基於天文學之精密科學的基礎。

然而，會統稱為希臘化時代，是因為在公元前二世紀天文學家喜帕恰斯（Hipparchus）以後的時期，天宮圖突然現身。此外，對照當時的巴比倫尼亞與希臘的文獻後，可了解到巴比倫尼亞的數理天文學成果的確有傳入希臘。

到了公元二世紀的托勒密時期，天文學家累積了豐富的知識，才能寫出像是《天文學大成》（Almagest）、《占星四書》（Tetrabiblos）等有關於天文學或占星術的系統性著作。

因此，在這之前的天文學史中，是喜帕恰斯大幅提升了天文學的水準，他被譽為是古代具最重要地位的天文學家。以托勒密為首，每位天文學家在談論天文學的起點時，總會歸功於喜帕恰斯的貢獻。

喜帕恰斯的貢獻

然而，即便是天文學的天才，依舊是孤掌難鳴。此外，像是一整年的長度等天文常數，必須得對照過往的天文記錄與自己的觀測記錄，才能算出正確的數據。此舉除了以往所累積的學問成果，若沒有加上個人的實績，一切都是空談。

托勒密的確很少引用喜帕恰斯之前時期的希臘人觀測資料，但光是這樣，喜帕恰斯宛如從無中生有般地突然構築天文學，似乎不合乎常理。

換言之，喜帕恰斯是第一位使用過去巴比倫尼亞所保存下來的觀測資料，或是將經過計算後的天文常數拿來利用的希臘人，並且將這些資料翻譯成希臘文，讓其他的天文學家得以參考巴比倫尼亞的天文學知識。

不過，單是以譯者的身分，並無法透徹地了解這些資料的天文學含意，也許他曾親身造訪巴比倫尼亞，並將當地的天文學資料帶回希臘，如此解釋更為恰當。

另外，有關於占星術的部分，喜帕恰斯的相關論述並沒有傳至後世，但天宮圖占星術應該與天文學一同由喜帕恰斯傳入，或是由喜帕恰斯的下一個世代傳入希臘人的世界。

雖然沒有直接的方法可證明，但無論是當今研究喜帕恰斯的泰斗——圖默（Gerald J. Toomer）或是我，都有同樣的想法。

在希臘化時代文化中，技術性傳入了「迦勒底的智慧」，收集希臘的各種元素後，逐漸壯大。在喜帕恰斯現身的時期之前，巴比倫尼亞的確是天文學與占星術的中心，希臘只是附屬地區；但在喜帕恰斯現身之後，以亞歷山卓為中心的天文學資訊被翻成希臘文，加上周遭地區的希臘文資訊，使得希臘的天文學與占星術知識遠比巴比倫尼亞更為豐富。

於是，占星術的中心從巴比倫尼亞的楔形文字，轉移成希臘文。當占星術中心完成轉移後，公元二世紀的希臘化科學巨頭托勒密，則是扮演希臘天文學與占星術集大成的角色。

依據政治時期區分，托勒密的生活年代為羅馬時期，雖然處於羅馬帝國的統治，但希臘人的科學依舊保有優勢並延續傳承。因此，如果要以科學史來區分，可將托勒密之前的時期當作希臘化時代。

近代之前的範例

在介於喜帕恰斯與托勒密的時代，從公元一世紀的羅馬詩人曼尼里烏斯（Marcus Manilius）占星詩中，可一探希臘占星術的精髓。

其中像是「生為死的開端，死亡取決於開端。」「命運掌控了一切，宇宙萬物是以共通的法則相互連結」等記載，均闡釋了宿命占星術的基本觀念。

在曼尼里烏斯生活的時代，也許是天文學技術尚未成熟，無法掌握行星的動態；或是還沒有將天文學列入占星術的範疇中，所以當時的分析方式略顯粗糙。然而，隨著時間的流逝，天文學家開始掌握行星的一舉一動，對於行星現象的解釋也逐漸細分發展。

此外，當時大量充斥著各類占星術解說書，世人往往會閱讀到不同的解釋內容。所以頭尾貫通的西方占星術體系，並非是在一朝一夕之間形成。

因此，托勒密不僅在天文學上有所貢獻，在占星術的領域中，他也是各種學說的集大成者，並統一各派說法及加以理論化。直至今日，他也是將喜帕恰斯的天動說天文學集大成的重要人物，並創造天文學範例的古代代表性天文學家。

所謂的範例（paradigm，又稱典範），現在指的是公認的思考架構或是政治體制，但原先的含意為：「可作為科學家在一定期間提問和解答範本的

古典功績。」（托馬斯．庫恩）

托勒密的天文學大作《天文學大成》的代表作用，到了近代才被哥白尼的地動說範例所取代。換言之，在托勒密以後的前近代天文學者，都是一邊參考《天文學大成》，一邊解開天動說天文學的問題。

《占星四書》

有關於占星術，托勒密還有另一本著作《占星四書》，在書中的開頭，托勒密提到《天文學大成》的內容，是透徹了解天文學的第一科學；《占星四書》的占星術，則是屬於自明性較低的第二科學。

《天文學大成》讓托勒密博取廣大的名聲，跟之後出版的占星術著作相比，雖然《占星四書》的完成性較低，但在後繼的占星師之間，《占星四書》至今依舊是占星術的範例，廣受讚揚。

《占星四書》由四卷構成，第一卷的內容為占星術基本原理，第二卷為天變占星術，第三與第四卷為宿命占星術，文筆充滿學者風格。

書中的題材雖然類似巴比倫尼亞的神話傳說的傳統，但托勒密還加入希臘的自然哲學與科學傳統，以及自身涉獵的數理性天文學，而不是像童話般胡說八道地論述。對於發生在世上的事件，托勒密盡可能回歸自然性事物加以解說，可說是唯物主義。

行星的特性

托勒密在《占星四書》的第一卷提到七曜的力量、善惡、性、恆星的力量、季節的影響、黃道十二宮的性質、天體角度的關係等，論述占星術的特徵與原理，並提到可應用在醫學領域的可能性。

根據托勒密的論述，天空被恆久不變的「乙太」物質覆蓋，地面由火風水土四元素所構成。天體在乙太之中運行時，首先影響到上層的火、風，接著影響下層的水、土，最後影響水、土層中的動植物。

太陽會因光與熱，伴隨著乾潮濕冷熱四氣影響地面的現象，就如同月球運行會影響地球的潮汐現象，其他天體的運行也會影響地面的活動。

這樣的思維很接近於亞里斯多德的宇宙論與自然論，托勒密為了取得自然哲學家的信服，因而透過亞里斯多德的自然論來解釋占星術。

有關於個別行星的影響，也可透過乾、濕、冷、熱四氣來說明。然而，在此提到的宇宙，與我們想像中的宇宙有所差異，如果沒有把行星層想像成是一層層的洋蔥，就會難以理解。

首先，大家都知道太陽是具有熾熱氣體的大火球，但因為具有過度的熱能，屬於乾燥的性質，其效果依季節而變化，當太陽升到天頂的時候，效果達到最強。

由於月亮靠近地球，從地面升起的蒸氣讓月亮產生潮濕的性質，因此月亮的效果為軟化及腐化物體，但月亮受太陽光照射的緣故，具有一定的熱作用。

土星因為距離太陽的熱氣與地面的濕氣較遠，屬於冷且乾燥的性質。從火星表面如同火焰般的顏色可得知，由於位於太陽的上層且距離較近，具有乾燥宛如燃燒般的效果。

木星位於土星與火星之間，效果適中，雖具有熱且潮濕的性質，因為下層為火星與太陽，發熱效果強大，會製造收成之風。

金星的效果與木星相同，具有沉穩的性質，但作用方向相反。由於靠近太陽，具有穩定的熱氣，但因為靠近月亮及地球的蒸氣，具有濕氣的性質。

水星有時候靠近太陽時，會吸收太陽的熱氣形成乾燥性質；有時候靠近月亮或地球時，會吸收蒸氣形成濕氣性質，同時具有冷熱特性。水星的效果會隨著在太陽附近移動的速度產生急遽變化。

在乾濕冷熱四氣中，濕氣與熱氣是合併物質的有益之氣；反之，乾與冷則是分裂及破壞物質的有害之氣。

因此，木星、金星、月亮為善星，土星與火星為惡星。太陽與水星具有善惡兩面，會因相關聯的其他行星而有不同的效果。

此外，自然也有男女性別之分。由於濕氣為女性特質，月亮與金星是女性的代表；太陽、火星、木星為男性的代表。由於水星能同時製造乾氣與濕氣，具有雙性特徵。以上是托勒密所區分的行星特性。

父母星、財富星

托勒密在《占星四書》第二卷提到了自然占星術或天變占星術，但與其將天變的影響直接歸納在人類的行為，倒不如暫且當成自然現象，接著再論述天變對於世事的影響。

托勒密在第二卷中雖有提及國家或都市等一般性主題，但已跳脫東方專制君王時代，並以戰爭、飢荒、傳染病、地震等成為研究對象，而不是君王或王族。此外，他也論述了有關於年度氣溫變化、暴風雨、酷暑、農作物豐收或欠收等週期性現象，也就是類似於現代氣象學的主題。

第三卷的主題為宿命占星術，托勒密在第三卷提及父母、兄弟、姊妹、壽命等人的天性或生理性主題；在第四卷提到名譽、出人頭地、結婚、旅行等社會性、人為性主題。

那麼，該用什麼樣的占卜方式，去推算這些多樣化的主題呢？托勒密認為，在占卜對象出生時，要先留意從東方升起，位於黃道上的行星。該行星尚未升起的天象與父母的運勢相關，升起前後的天象與兄弟的運勢相關。

托勒密首先提到父母的運勢，由於太陽與土星為男性的代表，與父親有所關聯；月亮與金星為女性的代表，所以與母親有所關連。換言之，在占卜對象的行星升起前，只要觀察這些行星與其他天體之間的關係，就能推算父母的運勢。

在代表父親的太陽旁邊，或是附近的星座中存在性質相同的土星時，又或者是代表母親的月亮旁邊，存在同性質的金星時，是父母親富裕運勢最為顯著的天象。

當土星與太陽處於最佳的角度關係時，父親的運勢是幸福的；同樣地，當金星與月亮處於最佳的角度關係時，母親的運勢是幸福的。反之，當太陽或月亮處於孤立狀態，或是與土星或金星的位置關係不佳時，是父母運勢不佳的前兆。因此，從行星的位置的關係，可推算父母的運勢。

托勒密在《占星四書》中，試圖統合亞里斯多德的自然論與宿命占星術這兩個完全獨立的體系，並藉由前者的理論來解說後者的內容。然而，要統合兩種體系並不容易，托勒密的《占星四書》中有許多無法闡述清楚的內容，只能含糊帶過。

基本上，托勒密認為第一科學完全適用因果關係，至於占星術這類的第二科學，與其說行星是主要原因，倒不如說只是單純的前兆。

因此，雖然托勒密論述了占星原理或方法，但感覺他自己並沒有從事占星行為。如果自己實地進行過占星，《占星四書》的內容應該會更加淺顯易懂，但光是閱讀這些內容，要實地從事占星並不是簡單的事情。《占星四書》雖然是占星術的古書，要作為指南手冊卻顯得不夠完整。

死亡時間可以估算？

托勒密在《占星四書》的第三卷中，以長篇幅論述計算人類壽命方式之後，在結尾穿插了「有關於死亡性質」的章節。

決定死亡原因的主角，是占卜對象出生時，逐漸往西方天空沉沒的行星。如果土星是主角，因為土星具有乾冷之氣，所以這個人會飽受久病折磨而死亡，例如肺結核、風濕等。主角若為木星，他可能會得到肺炎或心臟病。由於火星會產生熱氣，則會在一天半的時間內吐血猝死。其他像是金星會引發胃病、木星會引發心病等，托勒密詳細記載了有關於死亡的各種細節。

像這樣制定出主掌死因的行星後，雖然同為自然死亡，但像是惡星重疊之時，或是人們褻瀆太陽或月亮時，人類就會死於非命，或是客死他鄉。

要決定這類重要的人生大事時，必須考量到各種複雜要素，或是需要正確的天文學知識。我想，這是一般的占星師所無法辦到的事情，如果沒有精通托勒密的天文學大作《占星四書》，可說是難上加難。言外之意，人類的死期可不是胡亂計算就能加以預測出來的。

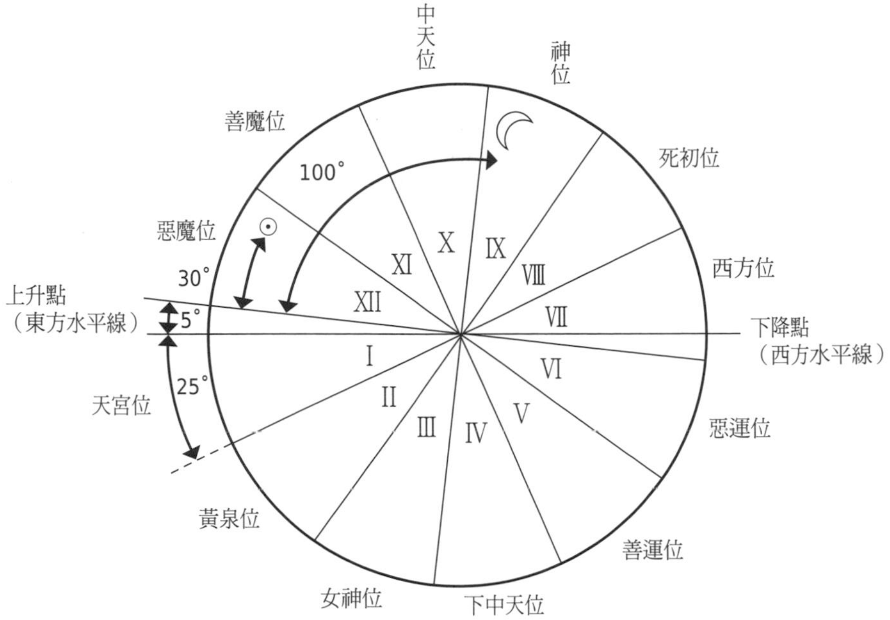

計算壽命的方式

托勒密將東方水平線上方 5 度到下方 25 度的區域，定為第 I 位，每 30 度劃分十二位，再描繪出七曜的位置以算出壽命。在思考壽命的時候，要先設定出發點與衰亡點，依據兩點之間的角度來估算年齡，因為角度不會超過 90 度，估算最高年齡為 90 歲。

首先是可作為出發點的強大區域是天宮位，接著是 60 度的善魔位、90 度的中天位、120 度的神位、180 度的西方位四區。至於水平線下的方位，也就是圖中的第 II 位至第 VI 位之間的區域，由於星光會受到遮蔽，可以加以忽略。

如果是在白天出生的小孩，當太陽位於上述的方位時，即可視為出發點；如果太陽沒有位於上述的方位，就找出月亮的位置，接著是與太陽處於良好位置關係的行星，如果什麼都沒有，最後就標出上升點。如果是在晚上出生的小孩，可套用以上的計算方式，太陽與月亮互換。

至於要決定衰亡點，由於端看出發點的位置，計算方式更為複雜。火星或土星被視為惡星，兩著靠近後會招致衰亡。如果月亮為出發點的時候，太陽的位置就是衰亡點。由於相位的關係複雜，在計算壽命時會加上相抵的修正。

舉簡單的例子，假設太陽位於上升點 30 度的位置，月亮位於 100 度的位置。太陽處於惡魔位，無法當作出發點，月亮位於神位，可視為出發點。這時候太陽變成衰亡點，兩者的角度差距為 70 度，預測出壽命為 70 歲。

3 天宮圖的技術

太陽的路徑、黃道十二宮

天宮圖英文 Horoscope 的 Hororo 為時間之意，天宮基本點是人在出生時，黃道上的行星升到東方水平線的點位。在希臘羅馬文化時期，天宮基本點指的是，依據七曜的位置來占卜個人運勢的圖表。

接下來要暫時放下有關於占星術的歷史記載，論述天宮圖的計算方式與原理。

宿命占星術具有各式各樣的做法與發展形式，但其中以天宮圖占星術成為西方占星術的主流，並普及至現代社會。天宮圖中最重要的概念在於黃道十二宮（獸帶），占星師一開始要做的事情，是在黃道十二宮上標出這個人出生時太陽的位置。

滿天的恆星中，地球繞太陽轉一圈需要一年的時間，這是天文學的基本常識。那麼，我們是如何得知太陽移動的路徑呢？

白天，由於地球表面受到太陽照射，所以我們無法確認太陽與恆星處於什麼樣的位置關係。不過當太陽西沉或日出時刻，因為太陽位於地平線下方，天空相當昏暗，這時候就能透過肉眼辨識明亮的星星，並決定太陽與這些星星的相對位置。在巴比倫尼亞的楔形文字中，是以明亮且顯眼的星星為基準，標出太陽的位置。

以這樣的方式觀測太陽的位置，描繪出太陽在一整年中在天體（星星）之間移動的路徑，這個路徑被稱為「黃道」。將黃道分為十二個區域後，太陽在每個宮的時間大約是一個月，各宮是以該區域的星座來命名。

黃道十二宮在日後的西方天文學星圖中，占據中心地位，並流傳至現代。由於行星及月亮都是環繞靠近黃道的軌道，也能透過黃道十二宮來顯示行星的位置。更精確地說，先決定各星座中的代表天體，觀測天體進入十二宮的角度後，即可透過度數來找出位置。

在進行占卜的時候，也需要賦予黃道十二宮的性格。春分的時候，位於太陽位置的牡羊座為男性，接著將交互輪替的十二宮、各星座分配男女性別。這是根據畢達哥拉斯學派的靈數而得，將奇數當成男性，偶數當成女性，十二宮因而有男女之分。

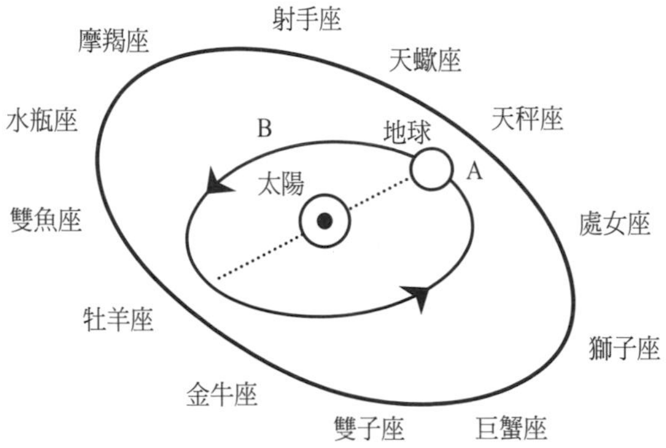

地球會依照上圖箭頭的方向，花一年的時間繞太陽轉一圈，春分的時候地球位於A的位置，這時候太陽看起來跟牡羊座重疊；到了夏季，因為地球移動到B的位置，太陽看起來像是進入巨蟹座的位置。

星座	符號	對應的日期	對應的七曜	性別
牡羊座	♈	3月21日～4月20日	火星	男
金牛座	♉	4月21日～5月21日	金星	女
雙子座	♊	5月22日～6月21日	水星	男
巨蟹座	♋	6月22日～7月22日	月亮	女
獅子座	♌	7月23日～8月23日	太陽	男
處女座	♍	8月24日～9月23日	水星	女
天秤座	♎	9月24日～10月23日	金星	男
天蠍座	♏	10月24日～11月22日	火星	女
射手座	♐	11月23日～12月21日	木星	男
摩羯座	♑	12月22日～1月20日	土星	女
水瓶座	♒	1月21日～2月19日	土星	男
雙魚座	♓	2月20日～3月20日	木星	女

七曜與黃道十二宮的對應位置如前頁下表。一整年白天最長的時刻中，太陽位於巨蟹座與獅子座，並造成夏季炎熱的特性，因此將這兩個星座指派給最明亮的太陽與月亮。由於太陽是男性的代表，對應的星座為獅子座；月亮是女性的代表，對應的星座為巨蟹座。

其他十宮則對應五行星，首先是土星，由於土星具有冷的性質，可指派給與獅子座及與巨蟹座性質相反的魔羯座與水瓶座。因為木星位於土星的下層，可指派給位於摩羯座及水瓶座之後的射手座與雙魚座，最後比照上述方式陸續指派給火星、金星、水星。

依照以上的對應方式後，假使土星位於摩羯座的位置，由於兩者冷的性質重疊，冷性質將更為嚴重，可以如此解釋。

兩者之間的角度為120度及240度的星座（牡羊座的話為獅子座與射手座），被稱為最佳的「相位」（位置關係）。此外，從黃道十二宮的角度來分析，因為每距離兩宮或四宮的星座為同性，性格契合度高。反之，相距90度的星座為異性，屬於敵對性格。

相距180度的星座，其實也是同性的關係，但不知為何在此被解釋為敵對且契合度不佳的關係。托勒密在《占星四書》中也無法說明詳細理由，只能用含糊的方式帶過。歸根究柢來說，同性的星座契合度高，異性的星座則屬敵對性格，本來就是奇怪的說法。

後期的占星術也開始重視行星的位置，但早期的占星術僅參考太陽的位置，曼尼里烏斯在推算壽命時，主要也是參考人出生時太陽所在的十二宮。

地上十二宮位

除了黃道十二宮，另一個重要的概念是在羅馬時代成熟發展的十二宮位，拉丁文稱為Domus，英文稱為House，日文稱為「舍」。此外，在日本現存最古老的天宮圖（王朝時代）中，將十二宮位稱為「位」。

我在前一章提過，在托勒密的時代，要推算父母運勢或財運的時候，都會寄託於太陽或月亮等天體進行占卜。然而，因為十二宮位的體系更加完備，所以可透過十二宮各自的位置來推算十二星座運勢。

十二宮位是天體（星星）從地面升起的東方開始逆時針繞行，將天空分為十二個區域。各位可以參考左圖來思考黃道十二宮與十二宮位的關係，內圈是固定的十二宮位，外圈的黃道十二宮會順著箭頭方向一天轉一圈。第Ⅰ位是從「上升點」開始的半圓，位於水平線下（地下）。第Ⅶ位是在「下降點」之後的半圓，位於水平線上（地上）。

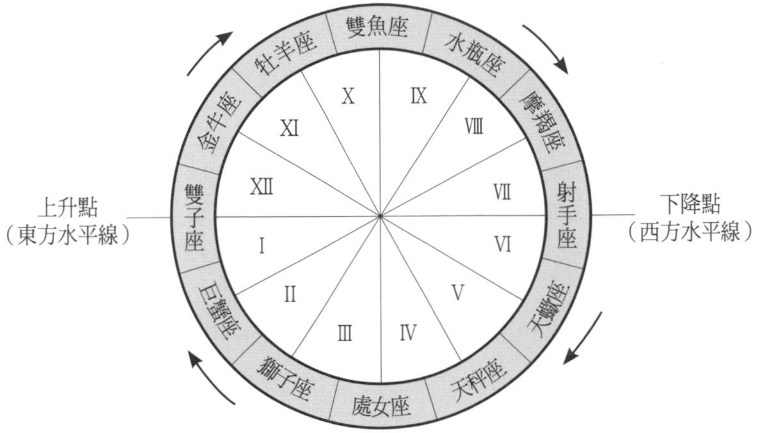

上圖是小孩出生時，雙子座星星從東方水平線升起的十二宮位圖。由於十二宮會依照箭頭方向轉動，所以巨蟹座與獅子座的星星會依序從上升點升起。因此，可依照這個方式觀察小孩出生時位於第Ⅱ位的星星、第Ⅲ位的星星等，藉此推算小孩的人生運勢。

小孩出生時，當位於第Ⅰ位的星星完全（走到）沉沒於西方水平線的時候，這時從東方升起的星星，就是出生時位第Ⅶ位的星星。因此，可透過出生時位於第Ⅶ位的星星來推算死亡。

十二宮與十二宮位的關係

當小孩出生的時候，星星從東方升起，在無數的星空之中，增加了一顆全新的星星。同樣地，在人類社會中也誕生一個新生命。由此類推思考，小孩與新星就像是命運共同體，星星透過周日運動升到中天時，小孩處於人生的巔峰活動期；當星星沉沒於西方天空時，小孩的人生終結。

於是，小孩出生後從東方水平線升起的星星，成為關注的焦點。雖然從水平線升起的星星眾多，但以占星術的角度來看，只會把注意力放在黃道上的星星。所以在小孩出生的當下，得立刻觀測位於第Ⅰ位的星星為何，以便算出小孩兒時的運勢。

隨著時間的推進，小孩出生時位於第Ⅱ位與第Ⅲ位的星星，依序從東方水平線升起，因此觀察出生後第Ⅱ位以後有哪些星星，即可推算未來的人生，也就是結婚或財富的運勢。

位於第Ⅰ位的星星是生命的象徵，因此第Ⅰ位的星星完全沉沒於西方水平線後，代表死亡的含意。這時候可觀察從東方升起的星星，也就是可透過人出生時位於第Ⅶ位的星星來推算死亡。因為在小孩出生時，可以從西方天空看見第Ⅶ位的星星，所以一開始就可以多加留意那個區域。

此外，從第Ⅸ位到第 位可推算社會性因素，是獨立於出生到死亡的人生區域。

雖然無法透過肉眼看見水平線之下的星星，但可以簡單地加以計算。行星在黃道十二宮的移動速度並沒有想像中快，在移動速度最快的月份中，行星一天會移動13度，並在一個宮停留2至3天。但是，比較十二宮位與黃道十二宮的關係後，前者會因觀測者而固定，後者會因「周日運動」（Diurnal motion）行星在北極周圍一天移動360度，因此對應到各星座的十二宮位，就是行星會在2小時後移動下一個宮位。

因為星星會時時刻刻移動，如果要以十二宮位的方式來進行占卜，過了1小時後星星會移動一半的距離，過了2小時後占卜的解釋會完全不同。因此，參考十二宮位來進行占卜時，如果無法得知正確的出生時刻，便無法精準地推算運勢。

從誕生到死亡

因為是攸關地上人類的事情，所以十二宮位是以人類想要的占卜題材來加以表現。這是從巴比倫尼亞與希臘的時期便延續下來的傳統，但占卜題材會因文化多少有所差異，這就是相當有趣的地方。

左邊圖表的最左欄位是取自托勒密的《占星四書》，「天宮圖」原指十二宮位中的第I位，但當時還沒有確立十二宮位的體系。

	《占星四書》	西方（歐美）	現代印度	鎌倉日本
I	天宮圖	生命、身體	身體	壽命
II	地府之門	財富	財富	財產
III	女神	兄弟	兄弟	兄弟
IV	下中天	父母	快樂	田宅
V	幸運	子女	子女	男女
VI	惡運	奴隸、生病、敵人	敵人、生病、受傷	奴僕
VII	西方	結婚	夫妻	夫妻
VIII	死亡的開始	死亡	壽命	疾病
IX	神	友情、旅行	德行	遷移
X	中天	名譽、地位	興趣	官祿
XI	善鬼神	朋友、幸福與利益	收穫	福德
XII	惡鬼神	敵人、不幸	損失	禍害

各地的十二宮位表

下一欄的西方是現代（歐美）的占星術解釋之一，從敘拉古王國的占星師費爾米庫斯・馬特爾努斯（Julius Firmicus Maternus）時期開始，十二宮位終於有完整的體系。從當時到現在，歷經了不少變遷。

第三欄取自於現代印度所實行的天宮圖占星術之一，第四欄是日本鎌倉時期的天宮圖，後面這兩種十二宮位都是源自將印度佛典翻譯成漢字的資料，內容近似。

西方十二宮位中最嚴重的是第Ⅷ位的死之預言，換成東方的十二宮位後就變成疾病，顯得緩和許多，沒有發生跟西方一樣的問題。

從第Ⅰ位的誕生到第Ⅷ位的死亡，代表人生走了一遭，生命應該在第Ⅷ位結束。不過由此看來，原本只有八位，為何會有十二位呢？我想是為了配合黃道十二宮，因而特地杜撰了第Ⅸ到第Ⅻ位。

舉一個以十二宮位來占卜的例子吧！如果小孩出生時太陽位於生命位的第Ⅰ位，這時候十二宮的獅子座來到該位，從獅子的特性可以聯想到小孩的性格應該是具有男子氣概，且自我意識強烈。此外，如果他的土星位於疾病位，小孩未來將罹患肺結核而死。

12與7

天宮圖占星術中，12與7是相當重要的數字，7無法被整除，是相當特別數字。附帶一提，類似於西方一週的單位，中華文化是以十進位為單位，以十天為一旬，將整個月定為上、中、下旬，看起來更為合理化。

不過，這是因為人類的手指頭剛好有十根，很適合教小孩用手指算數而已，並不代表十進位比四進位、八進位、十二進位更加優秀，二進位反而是更為合理化的進位制。

即便如此，7對於現代生活依舊帶來極大的影響。7天一週的概念是猶太人的發明，源自於基督教。無論是週休一日、二日制、三日制等，雖然沒有中間值，但這也是具合理化，近代生活受到數字7所制約的證明。

另一方面，雖然跟一週沒有特別關係，但是在可透過肉眼觀察天空的古代中世紀時期，天空中會動的只有太陽、月亮、水星、金星、火星、木星、土星7種天體（星），因此7這個數字顯得格外重要。

「七曜」走過的道路

太陽、月亮、五行星合稱為七曜，在中國自古以來也有這個名稱。不過，撇開上述不談，源自於西方的七曜也曾傳入中國。嚴格說來，源自巴比倫尼亞的天宮圖占星術，在希臘化時代傳入印度，透過八世紀由唐朝高僧不空翻譯成中文的《宿曜經》等佛經，將天宮圖占星術內容翻譯成中文。

當時，作為猶太、希伯來文化特徵產物的一週七天制，也經由來自西域的絲綢之路傳入中國。這兩種文化的傳統在中國融合，像是日曜、月曜等日月火水木金土的一週排列，被導入中國曆法，接著由空海之手，隨著真言密教傳入日本。

此外，有關於五行星的名稱，以中國的傳統名稱來看，水星被稱為辰星，金星為太白，火星為熒惑，木星為歲星，土星為鎮星。後來為了對應金木水火土的五行元素，才改叫作火星、水星等名稱。

在西方文化中，日曜與月曜同樣對應太陽與月亮，但由於沒有五行學說，所以火星、水星、木星、土星並不是對應火、水、木、土；西方的行星是以星神的名稱來命名。

雖然傳入七曜，但東方社會旬的時間單位已經根深蒂固，週的時間制並無法定型。此外，七曜只會被運用在佛教儀式或天宮圖占星術。

此外，在東方世界裡，雖然七曜與天宮圖占星術的基本構想相同，但比起出生時的七曜位置，東方人更重視以出生年月日與時刻的四柱來區分的十干十二支等曆法，透過循環數來計算運勢。由於傳統的曆占（四柱推命或高島斷易等）占據極大勢力，從西方傳來的天宮圖占星術存在感顯得薄弱許多，甚至暫時失傳。

日本在進入幕末明治時期之後，開始與西方有所往來，當採用西方的一週時間制度後，以往的七曜命名法也隨之復活。當時的中國，七曜已經完全被世人淡忘，將日曜日稱為星期日，並將月曜到土曜改稱為星期一至星期六。

東方自成一格的天宮圖

再者，從印度傳至中國及日本的天宮圖，是比七曜多兩個曜名，以「九」為基本數，誕生了有別於西方的傳統。除了七曜，多了兩個曜名是羅睺與計都。

羅睺與計都都是假想的天體，根據印度的民間故事描述，魔獸居住在太陽與月亮軌道的交會點，經常吞食日月（造成日食與月食），由於太陽軌道（黃道）與月亮軌道（白道）的兩處交會點，剛好接觸魔獸的頭部與尾巴，因而形成這兩種假想的天體。

羅睺也許沒什麼問題，但有學者認為計都是彗星，或是月亮的遠地點（天體運行軌道上距地球最遠之點）等，並提出各種解釋。相關內容，可參考矢野道雄《密教占星術：宿曜道與印度占星術》一書（東京美術／東京美術選書，一九八六年增補修訂，東洋書院，二〇一三年）。

七曜加上羅睺與計都被稱為九曜或九執，這兩個假想的天體，肯定是來自印度或中國、日本的天宮圖。現存的王朝期與鎌倉時代的兩種天宮圖中，都有加入這兩個假想天體。

二十七宿或二十八宿與九曜相同，皆常見於印度、中國、日本的天文學與占星術中，也是西方占星術所欠缺的部分。

之所以稱為二十七或二十八，是因為月亮在天空繞一圈，大約需要29天半的時間（古代認為是27天半）；「宿」有停留、住宿之意，代表月亮每日留宿。中國自古以來將二十八宿當作天上的一里塚（古代標示道路里程的土塚，每隔一里於道路左右各設置一塚），但印度則是將星空分為二十七份，因此稱為二十七宿。

弘法大師空海將《宿曜經》帶回日本後，首度將印度占星術傳入日本，並將印度的二十七宿（梵語音譯為納沙特拉）翻譯成中國的二十八宿。將二十七宿帶入中國傳統二十八宿名稱後，因為還多一宿，便稱為牛宿。

如此一來，就可以找出黃道十二宮的十二與二十七宿或二十八宿相對應的例子。12可以被3或4除盡，因為27為3的倍數、28為4的倍數，更易於歸納出兩者之間的對應關係。比起七曜與黃道十二宮的對應關係，二十七宿或二十八宿與黃道十二宮的對應關係更加顯而易見。

對應所有事物

話題回到西方，占星術的目的是推算所有的事物，並且將占卜對象對應黃道十二宮或七曜，以進行占卜。

當然不是所有的事物都可以用12或7等數字來分類，例如我們不可能將人類的血型區分為12或7等數字來加以說明吧！

因此，對於數字全都搞不清楚的狀況下，就必須套用對應原理。如果要將人類的性格等特徵加以分類，因為找不到明確的標準，這時候就得套用12或7等對於占星術來說是特別重要的數字，以製造關聯性。

中國自古以來，就存在陰陽五行說這個自然哲學原理，現代的正負電磁現象也沿用了古代陰陽的原理。然而，如果要將所有現象都分成陰陽，是非常困難的事情。打個比方來說，就是把所有成對的現象都必須分成陰陽；其一為陰、其一為陽。

換成五行說後，更顯得牽強附會。例如春夏秋冬四季，雖然與西方的四元素吻合，但難以將四季分成五行。如果將火水木金與四季相對應，再於其中或一年之中的特定期間硬塞入土，才能勉強合乎邏輯。

如果是7或12等大數字，那就更加麻煩了，由於7是較特別的數字，很難自然地分配，充其量只能用來對應在極具人為化的「週」。為了讓週與黃道十二宮相對應，因為難以整除，在分配上具有任意性，也是占星師較為辛苦的地方。

因為12可以被3或4整除，也是比較容易運用的雙數，所以至今依舊留存著十二進位。1英呎為12英吋、一天分為上午下午各12小時等，在我們的生活中依舊能看出各種十二進位的痕跡。因此，採用十進位的東方地區，人民都是背誦九九乘法表；但在西方則是背誦十二乘法表。

像這樣將數字7分為七曜、12分為黃道十二宮等，依次分配所有要素。

男女的性別雖然只有兩種，但像是顏色或性格等不特定要素，也能用7或12來分配。

繪製天宮圖的方式

那麼，在解說了進行占卜所必備的黃道十二宮與十二宮位的概念後，接下來要教各位試著繪製天宮圖。

要描繪天宮圖，有各式各樣的方法。直到近代，西方的天宮圖都是四方形。為了對應十二宮位或黃道十二宮，得使用圓規將圓形分割成12塊，這時候有人發明出不用圓規也能分割12塊的方法。

雖說如此，但在日本出土的鎌倉時代天宮圖，就有跟現代的天宮圖同為圓形，現代人也使用圓形的天宮圖。

我們先採用現代的天宮圖畫法，試著繪製標準的天宮圖吧！先用圓規畫出兩個小同心圓，最內側的小圓形代表地球，因為占星術至今依舊是以地球中心說為基礎，接著在外側畫出兩個大同心圓，最外側的圓形代表天體。

第三個步驟是，畫出連接四個圓形的直線，先畫出一條橫線，代表水平線，接著劃出一條垂直線，代表子午線（連接天球南北極的大圓形），接著在直橫線之間每隔30度畫出直線。這麼一來，總共有12條線連接地球與天體。

在兩個小圓形之間的12個區域，標出羅馬數字I到XII，代表十二宮位，接著以東方水平線下方為第I位，依序逆時針沿著地下來到西方水平線下方的第VI位。之後從西方水平線上方的第VII位繞行地上，到達東方水平線上方的第XII位後，繞行地球一圈。

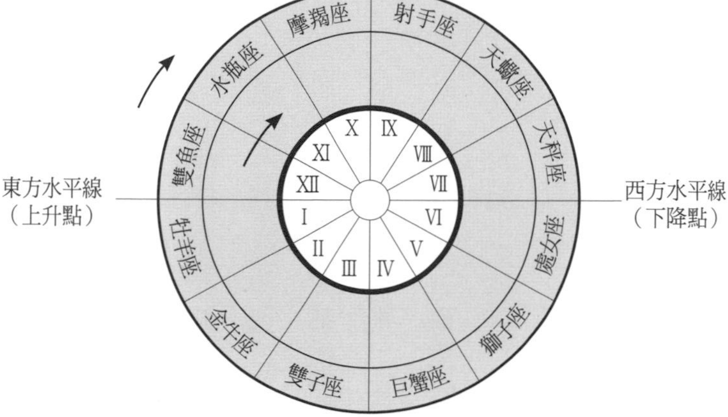

自行繪製天宮圖，做出外側可旋轉的兩個圓盤

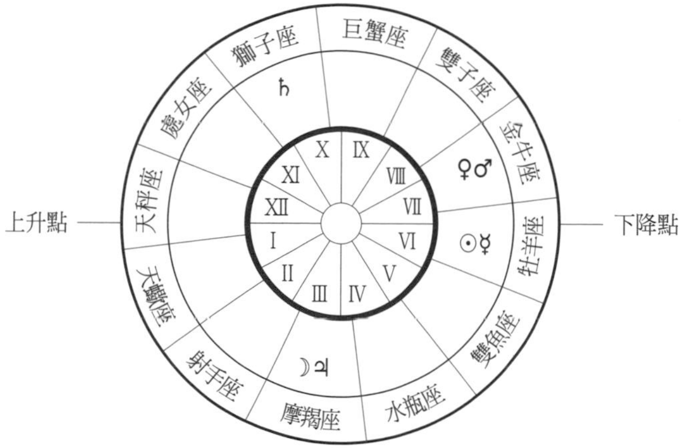

核對出生時從東方水平線升起的星星，再描繪出七曜（太陽、月亮、水星、金星、火星、木星、土星）

自行繪製天宮圖

在兩個大圓形之間標出牡羊座、金牛座、雙子座等天上十二宮（星座），從何處開始都沒關係，比照十二宮位的逆時針依序排列，接下來確認占卜對象出生時位於東方水平線的星座為何，製作從外側可旋轉兩個圓盤。最後，再從外側數來第二處圓盤區域上，描繪出生時，日月五行星在黃道十二宮上的位置。

因為一般人都沒有觀測過自己出生時日月五行星的位置，所以得事先從現在的位置來倒推，或是利用出生年的天體位置表來標出位置，這樣才能確認日月五行星正確的位置。

黃道十二宮或日月五行星的符號，源自於古希臘、羅馬時期。附帶一提，現代生物學所使用的雌雄（男女）符號，也是源自於行星中的金星與火星符號。

黃道十二宮的賦予性格

因此，作為天文學領域的前置階段，繪製含有黃道十二宮、七曜（或是九曜）、十二宮位的天宮圖後，終於能夠解釋天宮圖對人生的影響。不過，占星術研究書籍卻沒有提出相關的解釋。因為占星方式的不同，存在諸多任意性，加上難以廣義化，所以占星研究者要詳加記載是十分困難的事情。

另一方面，實用書籍中有關於天宮圖的記載，顯得豐富許多。由於部分古書大多會將天宮圖與巴比倫尼亞，或者希臘羅馬文化的神話傳承相互連結，如果對於民俗文化或神話世界缺乏興趣或理解，便難以讀懂古書的內容。不過，在大眾社會之間依舊盛行著通俗且單純的解釋。

此外，隨著占星師長年來傳承天宮圖占星術的傳統，經驗性的要素也逐漸加入。也就是依據古今英雄豪傑的天宮圖，將有關他的命運資料，加上新的解釋。

例如，歌德雖然是天蠍座，卻不會因凶惡的蠍子形象，讓人聯想起歌德的一生會遭逢厄運。而且依據占星師的經驗，開始修正以往對於天宮圖的解釋。解釋愈來愈複雜，初期單純以類推方式所形成的解釋逐漸式微，也更難以理解。

來介紹一下原本單純的解釋吧！提到天體對於地上的影響，任何人都無法否定太陽的影響吧！接著是逐漸降下的月亮。人類雖然不會明顯感受到行星所直接造成的物理性影響，但根據古代人的類推，與日月同在天空移動的行星，對人類也具有相同的影響力。

然而，首要在於太陽的影響，根據最簡單明瞭的占星術解釋，人誕生時可依據太陽所在的黃道十二宮，開始賦予性格。

如果硬要舉個例子，人出生的時候，當太陽位於黃道十二宮最初的牡羊座，因為與羊毛產生關聯，所以這個人未來如果從事服飾產業會有所成就；

占星師可以從星座名稱開始做單純的類推。根據羊來聯想其性格時，可預測這個人的個性膽小略帶糊塗，但只要被嚇到就會講話帶刺，脾氣暴躁沒有耐性。

金牛座出生的人，臉部跟眼睛較大，鼻孔外露，上半身發達，體型魁梧，這是從公牛聯想的類推。根據曼尼里烏斯的占星詩記載，出生此星座的人將來會成為農夫，因為公牛的工作是犁田，是個性沉穩的定居者。

雙子座的雙子，被解釋為在葡萄田中摘葡萄的酒神巴克斯，以及彈奏豎琴的阿波羅兩人。根據曼尼里烏斯的解釋，出生此星座的人是一位懶散的音樂家，比起戰士吹起的小號，更喜歡和平的豎琴。此外，他們也會成為探討音樂與數學之間關係的畢達哥拉斯學派的天文學家或數學家。

巨蟹座的人皮膚泛紅？

巨蟹座出生的人，體型嬌小皮膚泛紅（因為螃蟹經過煮熟後會變紅），骨骼結實、關節較大。因為螃蟹總是孜孜不倦地用螯搬運樹葉等物品，巨蟹座的人未來有機會從事木工或石匠等職業。在巴黎聖母院的黃道十二宮巨蟹座雕塑位置，可見木工及石頭工匠雕刻圖。

獅子座出生的人，胸膛厚實、腿部細長，具有強健的膝蓋，個性大膽，如果能成為企業的領導者，應該能獲得名譽與財富。根據巴比倫神話紀載，伊絲塔設置了陷阱要讓獅子落入，獅子必須隨時留意，以免遭到陷害。根據希臘神話記載，獅子會被海克力斯勒住脖子，因此生於獅子座的人經常患有氣喘疾病。

處女座出生的人，個性軟弱害羞，但天生健談，適合當學者或作家。根據曼尼里烏斯占星詩的記載，處女原本是學校的女教師，是一位女預言家；

根據希臘教訓詩之父海希奧德的記載，天上的處女是離開地上飛向天上的「正義」之神。

天秤座出生的人，由於平衡感極佳，適合從事立法、法官、行政等職業。天秤也是制定羅馬法律的羅馬帝國象徵。此外，使用磅秤的銀行家、金工、肉販等，也是適合天秤座從事的職業。

天蠍座出生的人，具有蠍子的性格，是一位戰士、拳擊手、毒害者、殺手，或是戰爭遊戲、戰爭圖像、戰爭文獻的愛好者。像希特勒、墨索里尼都是天蠍座，歌德也是。

射手座出生的人，具有敏銳眼光且精力旺盛，是一位天生的狙擊手。射手座天性活潑好動，不會感到疲倦，適合當馬車夫或駕駛員。此外，射手座的人擅長手工作業，也適合從事外科醫師等醫師職業。

摩羯座的山羊，在黃道十二宮圖裡被描繪成是一隻具有山羊角與魚尾的生物。生於摩羯座的人，年輕時就跟山羊一樣，個性陰晴不定，隨著年紀增長後，會轉變成魚一般的冷靜性格。

水瓶座出生的人，會從事與水相關的職業，例如鑿井者、治水技術者、開挖河道者、橋梁建築師、鐘錶師傅（因為古人會使用水鐘）等，因為水瓶座花錢如流水，無法好好存錢。

雙魚座出生的人，理所當然會成為一位漁夫，其他還包括魚販、船長、海盜、艦隊司令，甚至是奴隸等在槳帆船上工作的職業，或是成為造船家或船主。航行於大洋航線的船長，為了掌握正確的航道，必須精通航海天文學，因此，雙魚座的人適合從事天文學者、地理學者、氣象學者相關職業。在釣魚的時候，因為會使用誘餌，所以雙魚座的人也善於說謊。

無限的解釋方式

如同上述，這是解析命運最簡單的方式，透過人出生時太陽在黃道十二宮的位置，來推測小孩的性格或人生。不過，這樣只能算出十二種結果。由於人生過於複雜，人類的命運怎麼會僅限於十二種，所以這時候要加入其他的要素。

例如，思考一下，人出生時月亮位於黃道十二宮的位置，並且與太陽的位置組合，12乘以12，就會得到144種占卜結果。

如果再加上出生時行星位於黃道十二宮的位置，12的7次方會得到35831808種結果。

不過，由於水星或金星兩顆內側行星無法距離太陽太遠，難以找出十二宮的所有可能性，所以實際上的占卜結果應該會少很多。不過，如果加上透過肉眼看不到的行星，結果數量會來得更多，但在此所指的並非是具體的數字，只是要強調眾多組合的可能性。

如此一來，加入分配在七曜的性別或顏色、性格、誕生石等其他的要素，或是相位的角度關係後，就能進行更多樣化的占卜。例如，太陽象徵父親，在天宮圖中太陽周圍存在眾多行星的時候，代表父親的命運是富裕的。

如果能獲知出生時刻，即可運用十二宮位來預測人生中所發生的各種事件。例如，火星位於兄弟位時，代表早逝的兄弟較多；土星位於死亡宮位時，這個人很有可能會罹患風濕病而死，或是木星位於死位時，會罹患胸腔疾病而死。

遺傳性要素與環境性要素

如果要更周密地進行占卜，就必須讓占卜呈現定量化。如果要將黃道十二宮或十二宮位各自的30度區域視為同等狀況進行占卜，就只能採取定性化的方式。

由於雙胞胎是在相同的星座下誕生，應該會發展出相同的命運。因為無論是遺傳或生長環境都相似，雙胞胎的命運應該相當類似，但實際上還是有所差異。嚴格來說，只要兩人的出生時刻稍有差異，雙胞胎誕生之間行星稍有移動，考量到行星的動態，即可預言兩人命運的差別。

當兩個人因結婚等行為產生關聯時，占星師就會參考兩人的天宮圖，推算契合度。如果天宮圖中男性的太陽位置與女性的月亮位置剛好處於60度或120度的型態，兩人就會有好的姻緣。

人生如果真的取決於出生時的行星位置或配置，只要給占星師算過一次後，就沒有必要再算第二次。不過，這麼一來占星師就沒有辦法靠占星營利，於是他們開始將人出生時的天宮圖，以及占卜未來某時刻的行星天宮圖，加以對照後進行占卜。

非要說的話，人出生時的天宮圖為遺傳性要素，推算未來某時刻的天宮圖為環境性要素，人生取決於遺傳與環境這兩種要素。對於占卜對象本人來說，多少是因為遺傳決定論而對人生感到釋懷，再加上人們對於占星師也有一定的需求度，所以商機可謂龐大。如果能推算未來特定時間的運勢，對於促進占星術的蓬勃發展來說是件好事。

例如，如果要生小孩，就要避免惡星位於小孩宮位的時刻；做生意的時候如果選擇善星位於收穫宮位的時刻，這樁生意必然成功。當占星術也產生了實用性價值之時，如此一來，有關於占星術的解釋開始無限膨脹。

不過，原本是滿足個人訴求的天宮圖，也可以被運用在國家或制度層面。例如要創立大學的階段，可以將創立的時間當成人類誕生的時間製作天宮圖，以決定最佳的創立時刻。文藝復興時期的知名天文學家雷吉奧蒙塔努斯（Regiomontanus），曾受到大學委託製作適合創立大學吉日的天宮圖。

醫療占星術

要單靠天宮圖來占卜世上所有的事物，就必須讓所有事物與行星相互對應。因此，即使是在學術領域中，只要是所有關於地球事物的自然哲學，都能與探討天空現象的天文學連結，實際上也衍生出各種學術。

古代產生了「天體礦物學」或「天體化學」等學術，在巴比倫尼亞地區，從蘇美文明時代起，人們將鐵稱為「從天而降的金屬」。隕石所含有的鐵成分或是鐵隕石，是眾所皆知的證據。

因此，發光的鐵色被當成是某種星星的顏色；世人認為鐵存在天空中，鐵掉落到地面後被稱為隕石。這種說法廣為流傳後，世人便認為所有的金屬都是從天而降。

此外，居住於阿拉法特山的鍊金術士，認為銅也是從天而降，這是根據日落後天空散發暗紅色而得來的類推，他們甚至認為黃金來自太陽、銀來自月亮。

這些金屬是以顏色為媒介，透過類推將天體與金屬連結，但以經驗法則連結各行星與金屬，並無法讓人滿足。所以如果要將上述行為化為理論，就得找出對應所有行星與金屬的物體，進行「指派」的作業。

根據托勒密的理論，金星的顏色為黃色、火星為紅色、木星為白色、土星為灰色，水星的顏色則是依條件而變化。提到與顏色相對應的金屬，可將金星指派給銅、火星為鐵、木星為錫（白鉛）、土星為鉛（黑鉛）、水星為水銀。

將隕石加以廣義化，連結行星與金屬後，更將寶石也當成從天而降的物體，試著進行相對應的指派作業。為了對應黃道十二宮而分配了十二種寶石，誕生石的概念也是起源於這類占星術的理論。

「天體植物學」的產生過程也一樣，季節對應太陽位於黃道十二宮的某個宮位，幾乎相當於陽曆的月份。

季節（陽曆的月份）也會對應植物的生長階段，因此可以對照特定的藥草與季節（陽曆的月份），決定採收藥草時最具藥效的月份。

根據以希伯來文撰寫而成的新畢達哥拉斯派文獻記載，天體與人類的感覺系統也是相對應的。為了對應日月五行星之七大天體，相對應器官包括兩個眼睛、兩個耳朵、一個嘴巴，以及一個鼻子，但因為這樣只有六個器官，便以一個鼻子中的兩個鼻孔來計算，加上兩個鼻孔後組成七個器官，如此完美指派給七大天體。相同地，人體的一個頭部、一個身體、一個生殖器、兩隻手、兩隻腳，也組成七種器官來對應七大天體。

占星師們主要專注於行星與個人命運的關係，並試圖營造行星與人類的臟器的關聯性。某些占星系統會將水星視為肝臟的代表，其他系統則是將木星或金星當成肝臟的代表，土星為頭部、金星為生殖器、火星為膽汁、血液、腎臟。

隨著天宮圖占星術的普及，占星師也想出將身體部分對應黃道十二宮的方式。依照十二宮位的順序，由上至下依序對應身體的部位。活躍於公元二世紀的羅馬，之後成為西方醫學典範的古羅馬醫學家克勞狄烏斯・蓋倫（Aelius Galenus），在診治病人時也會參考患者誕生時的行星位置。

在西方醫學的傳統方式裡，外科醫師會實施名為放血的療法，他們就是參考寫上十二宮位記號的人體圖，來決定放血的部位。

醫師在診斷與治療人類的疾病時，會像這樣解讀並計算對應身體局部的天體與黃道十二宮記號，思考如何防範天上所造成的不良影響，讓患者恢復健康，這就是所謂的醫療占星術（Iatromathematics）。

當然，這樣的對應方式並非都具有經驗性基礎，因為這是源自於傳說中的奧祕學之父赫密士・崔斯墨圖（Hermes Trismegistus），傳授給醫師之子阿斯克勒庇俄斯（Asclepius）所得來的方式。

像這樣在天地之間，有著某種一貫性對應關係的系統遍佈在各處，包括動植物、礦物等地上萬物都涵蓋於其內。於是，天地相關具一貫性的古代、中世紀世界觀，變得屹立不搖。

4

「占星社會」羅馬

更加篤信占星術的社會

如同希臘與羅馬文化的並稱，希臘人與羅馬人的文化極為相似，大多數人也認為羅馬人繼承了希臘人的文化。

然而，兩者還是有差異性。希臘人創造了科學，羅馬人的建築等技術專長有許多值得學習的地方，但在科學領域上就欠缺獨創性內容。

即使是在天文學或占星術的領域中，要在羅馬人之中找出像喜帕恰斯或托勒密等大人物，是相當困難的事情，但羅馬無論是政治制度或法律等人文及社會層面，皆有顯著的發展。

雖然天變占星術是專制君王的特權，但羅馬時代的宿命占星術便具有公共性與平民化的特徵，任何人都能自由地替他人繪製天宮圖。

羅馬社會應該是有史以來，無論是上層至下層階級，都篤信宿命占星術必然性的社會吧！世人的死亡都會被預測，這樣的社會想必十分灰暗。在如此的背景下，我要先從羅馬時代的宮廷祕辛，來探討權貴人士的生存方式。

占星師斯拉蘇盧斯

在希臘化時代，天文學與其應用形式的宿命占星術相當完善；另一方面，無論是科學或占星術的領域，羅馬都沒有太大的貢獻。不過，統治地中海地區的羅馬皇帝，卻掌握了公元五世紀之前的所有希臘文占星術文獻。

就像是來自巴比倫尼亞的迦勒底人，將天文學與占星術傳給希臘人，希臘人在羅馬的統治下，傳入天文學與占星術，希臘文的文獻也被翻譯成拉丁文。

斯拉蘇盧斯（Thrasyllus of Mendes）的活動時期為基督誕生前後，他在當時是享譽盛名的占星師。斯拉蘇盧斯是羅馬帝國的第二任皇帝提貝里烏斯（Tiberius Julius Caesar）的好友，也是提貝里烏斯的宮廷占星師，他的兒子巴爾比斯（Tiberius Claudius Balbillus）曾擔任克勞狄烏斯（Tiberius Claudius Caesar）、尼祿（Nero Claudius Caesar）、維斯帕西亞努斯（Titus Flavius Vespasianus）幾任羅馬皇帝的占星師。

斯拉蘇盧斯是來自亞力山卓的學者，擅長分析語言文法，他長年定居於羅得島；喜帕恰斯從前曾經在羅得島觀測天體，知名的斯多葛學派學者波希多尼（Posidonius）也曾定居於此，島上充滿知性氛圍，是吸引學者定居的主因。此外，某些不得志的政客，也選擇在此隱居。

另一方面，提貝里烏斯早年功勳顯赫，他娶了羅馬帝國初代皇帝奧古斯都（Caesar Augustus）的女兒，試圖登上皇位；但當他得知奧古斯都打算將皇位讓給外孫繼承後感到失望。在公元前六年，36歲的提貝里烏斯決定前往羅德島過著隱居生活，在那裡認識了斯拉蘇盧斯。

斯拉蘇盧斯對於占星術、畢達哥拉斯學派的術數、赫密士・崔斯墨圖學派的神祕主義皆抱有強烈興趣，但與其說他是偏好當今的神祕學，倒不如說他將這些領域當作正派學問，因此重新進行研究。

提貝里烏斯向斯拉蘇盧斯學習占星術，推算自己的命運，不久之後傳來了好消息。公元二年，提貝里烏斯接獲羅馬使者通知，請他返回羅馬，由於奧古斯都的外孫相繼亡故，身為養子的提貝里烏斯成為皇位繼承人選。公元十四年，提貝里烏斯繼承奧古斯都的皇位，成為羅馬帝國第二代皇帝。

隨著提貝里烏斯的復權，斯拉蘇盧斯也被邀請至宮廷中，成為提貝里烏斯的親信。以往在宮廷裡，占星術受到極度重視，但也有人多少抱持懷疑的態度。不過，隨著斯拉蘇盧斯的到來，在提貝里烏斯的周遭形成了將宿命占星術當作不變法則的勢力；著有占星詩作《天文》（Astronomica）的曼尼里烏斯，也是該勢力的其中一人。

宿命占星術從該勢力擴展至一般社會，對於上流的知識份子而言，繪製天宮圖來進行占卜的宿命占星術，完全是科學性的新知識，可以取代以往的天變占星術等類別，因而廣受歡迎。然而，對一般大眾而言，此類新知識只不過是新增的一種雜占類別而已。

禁止占星行為

在基督教普及前的羅馬，相當盛行這類占星術或占卜，也因為會造成人心惶惶，所以羅馬政府必須慎重看待。在公元一世紀時，政府曾六度下令將占星師逐出羅馬。

公元十一年，羅馬政府針對占卜師，特別是對於占星師，實施了全新的政策。奧古斯都頒布詔令，不光只有羅馬或義大利，針對羅馬帝國統治的所有區域，只要是特定的主題，一律禁止占星師接受百姓的占卜請託。

那就是，任何人死亡的事情，都不能當作占卜對象來受理，而且為了嚴格遵行這個法規，占卜師與客人也不能私下單獨進行占星行為。

在天變占星術盛行的時代，有關於天上的資訊被視為最高機密；到了天宮圖占星術的時代則是將天上的資訊公佈於世，如果任何人都能輕易獲知君王正確的出生時刻，就能計算君王的命運及死亡時刻，如此就會造成社會大眾的不安。

皇帝的死期接近時，代表權力衰退，將產生後代爭奪繼承王位的問題，或是讓野心勃勃的人士準備取而代之。對於帝國而言，必須事先採取對應措施。

現今我們已經無從得知，羅馬帝國政府在頒布的新法令時，奧古斯都與繼位的提貝里烏斯是否有負起相關責任。然而，我們卻可輕易得知一般社會大眾對於此詔令的反應。

在社會之中，占星師為了吸引客人的關注而散佈謠言，試圖煽動人心。這個謠言就是掌權者年邁即將死亡，政權面臨極大變化。

當奧古斯都頒布詔令後，也算是直接對抗這群不軌之徒的勢力，這也代表奧古斯都本身的天宮圖的確被公佈於世，是即將駕崩的證明。

奧古斯都在三年後的公元十四年辭世，從當時的記錄看出，有許多古代天變占星術的前兆發生，包括日全食、火焰從天而降引發山林大火、代表凶兆的彗星降落等，這些現象都預告奧古斯都的死亡。在奧古斯都在位期間，也是政府對於占星術法律規範的一大轉捩點。

死亡占星術

到了公元後時期，透過希臘的莎草紙可見眾多天宮圖圖案，這些都是用來推算皇帝或高官從出生到死亡的運勢。由此可見，希臘化時代的埃及或近東地區的埃及人城鎮中，占星術的確有所普及。

宿命占星術會造成社會不安，當人們在推算自己的未來時，首先會感到忐忑不安，並想要得知自己的壽命與死期。隨著自己死期即將到來，人也會陷入神經衰弱的狀態。

得知自己死期的文化，是相當沉重且灰暗的。當時羅馬的人民絕對無法像，今日天宮圖的流行，是抱持娛樂的心情看待，並非與命運對決。

占星師所預言的內容，是上天的神諭，但不過是一種預兆而已。預言有可能成真，也有可能失準，一切取決於機率，人並不會受到絕對的因果關係所控制。人們應該也有這樣的想法吧！

在天變占星術盛行的時期，是以神話傳承為主的時代，社會尚未確立自然法則。在那個時代，人們能包容神明反覆無常的特性；人們感到痛苦的時刻便求助神明，進行驅邪儀式或許願，希望能擺脫死亡的災厄。因此，在觀測天象時會有帶著一絲希望的餘地。

然而，宿命占星術有所不同。就原理上來說，宿命占星術與自然法則應無相異之處。但倒不如說，無論是自然界或人類的世界，都貫徹著相同的宿命法則。這麼說的話，人類根本無從逃避。

實際上，當時並不像現代確立了自然法則，自然法則與人類社會之間的規範和區別，也不像現代如此明確。在世人剛發現天空法則的時代，宿命占星術跨越了界線來到人類社會，造成希臘、羅馬宿命占星術的盛行。

操控皇帝的占星師

知名的羅馬歷史學家與文體家塔西佗（Gaius Cornelius Tacitus），將羅馬帝國第二代皇帝提貝里烏斯的時代，形容為充滿宮廷陰謀的時代。

羅馬帝國的執政官利波（Marcus Scribonius Libo Drusus）的家世顯赫，但欠缺才能，人也顯得不太起眼，但他對提貝里烏斯充滿嫉妒與敵意。利波曾經請占星師推算自己的運勢，占星師保證他未來會變得更加富有，可望出人頭地，利波聽完欣喜若狂。

然而，礙於前述奧古斯都在十一年頒布的詔令，利波被判有罪。據說占星師分析，利波具有帝王之相，但即使是夢中的內容，也會被視為反逆罪名。

看來，利波是落入迦勒底人所設下的陷阱，也有人謠傳這是提貝里烏斯所佈下的局。然而，因為罪證明確，即使是有權有勢的親人懇求寬恕，也沒有任何作用。有此一說是，提貝里烏斯雖然有意要救利波一命，但被冠上反叛者之名的利波，在被逮捕之前於公元十六年自殺。

前往元老院舉發利波罪行的三人，瓜分了利波的財產。利波自殺後，法庭依舊持續審判，檢察官做了有罪的判決後，還收到了賞賜。

據說，是提貝里烏斯的占星術顧問斯拉蘇盧斯提出警告，讓提貝里烏斯斷然處分此案。斯拉蘇盧斯向提貝里烏斯提出，由於解讀天象後得知，如果提貝里烏斯對於占星術禁令的處分過於寬鬆，對於提貝里烏斯感到不滿之人或野心者，他們推翻政府的計畫會有成功的命運。

提貝里烏斯聽從斯拉蘇盧斯的忠告，下定決心把占星師逐出首都，因此在利波死後的四個月內，他教唆元老院將占星師逐出羅馬。此外，參與利波反叛計畫的兩位占星師被判處死刑。

不過，也許是受到斯拉蘇盧斯的影響，只要沒有接觸政治事務，提貝里烏斯允許占星師待在羅馬從事有關於占星術的學術研究。

從掌權者的角度來看，占星師就像是一把雙面刃，會帶來極大的幫助，也有可能會成為禍害。對於掌權者而言，在百姓之間極受歡迎的占星師，其存在不可揣測，必須嚴加防備。

另一方面，對於君主來說，還是需要一位具高度聲望的占星師（如果有兩位，可能會因爭寵而相互鬥爭，因此只要一位即可）；斯拉蘇盧斯就是這樣的存在。

滿是陰謀的日子

在提貝里烏斯之子德魯蘇斯（Drusus Julius Caesar）的眼中，斯拉蘇盧斯就像是在背後操控皇帝的奸臣，是必須要加以驅除的寄生蟲。讓德魯蘇斯感到不順眼的另一位寵臣，是近衛軍司令塞雅努斯（Sejanus Lucius Aelius），因為斯拉蘇盧斯在提貝里烏斯的面前說盡塞雅努斯的好話，而使塞雅努斯攀升高位。

想當然，在斯拉蘇盧斯與塞雅努斯之間，形成了政治同盟關係，塞雅努斯的存在是陽（明），斯拉蘇盧斯是陰（暗），陰陽互補後讓同盟更為堅固。

從斯拉蘇盧斯的角度來看，只要提貝里烏斯掌權，斯拉蘇盧斯的地位便屹立不搖；但提貝里烏斯逐漸年邁，如果在短期間內辭世，德魯蘇斯就會顯露敵意。雖然如此，斯拉蘇盧斯對於是否支持塞雅努斯所策劃的政變，仍抱持極度謹慎的態度。

在公元二〇年至二十三年之間，爭權的危機持續擴大，塞雅努斯成功勾引德魯蘇斯的妻子，妻子被塞雅努斯迷到神魂顛倒，終於在二十三年毒殺了丈夫。德魯蘇斯的兩位兒子中，其中一位於該年死亡，另一位年僅四歲，要繼承王位時候尚早。

德魯蘇斯是提貝里烏斯的獨子，也是王位繼承人，但自從德魯蘇斯死後，也引發全新的王位繼承爭奪戰。宮廷上演權謀術數的競賽，但在過程中塞雅努斯的陰謀曝光，於公元三十一年被提貝里烏斯賜死。想必斯拉蘇盧斯是站在提貝里烏斯的背後，操控著爭權競賽的重要人物。

提貝里烏斯以王位繼承資格者為首，自行推算皇族、重臣等重要人物的天宮圖，並對照斯拉蘇盧斯的推算結果後，再下判斷。

在推算王位繼承資格者的天宮圖後，何時繼承是一大問題。如果繼承時間過於接近，代表提貝里烏斯將面臨死亡或暗殺等危機，需要多加提防，要盡早去除禍根。

如果繼承的時間太晚，具有王位繼承資格的人，會得到皇帝的祝福。不過，當皇帝活得太久，只要接近後代繼承的時期，皇帝隨時都有可能會改變心意，產生意想不到的事態。

當提貝里烏斯的死期接近時，喜愛說三道四之徒散佈了各種謠言。據說埃及出現了鳳凰，人們謠傳這是提貝里烏斯死亡的前兆。提貝里烏斯對此感到在意，找來斯拉蘇盧斯商量，斯拉蘇盧斯解讀天宮圖後，對提貝里烏斯說他還能再活十年。

如果皇帝死去，斯拉蘇盧斯與家人必會處於不利的狀況，因此為了安撫人心與皇帝，他說出造假的占卜結果。在提貝里烏斯辭世前，斯拉蘇盧斯按照自己的天宮圖結果，於公元三十六年死亡，然後提貝里烏斯也在隔年辭世。

成為皇帝的條件

虔誠信奉占星術的羅馬皇帝，除了前述的提貝里烏斯，還有圖密善（Titus Flavius Domitianus）與哈德良（Publius Aelius Traianus Hadrianus Augustus）。圖密善有這麼一段知名的悲劇故事，當他從占星術得知自己的死期將近時，便陷入神經衰弱的狀態，結果真的被刺客暗殺身亡。接下來，還要介紹有關於哈德良的故事。

於公元二世紀在位的哈德良皇帝，大力整頓羅馬法律，並積極建造城牆，將城牆擴大至英國等地，無論是內政或外交皆立下顯赫功績。他非常喜愛希臘化文化更甚於羅馬文化，眾所周知。

相較於東方的王位是透過血緣關係來繼承，羅馬皇帝經常將王位交給養子繼承，這是因為羅馬元老院反對血緣繼承制度。

如果王位繼承牽涉到血緣關係，繼承問題當然會更為複雜，而且在公元二世紀時期，血緣繼承完全遭到否定。當養子具有成為皇帝的資質，才會被選為繼承人。這時候，占星術就會產生影響力。

擁有權勢的貴族，會請占星師端詳子嗣的天宮圖，以推算命運。如果出現帝王之兆，貴族會欣喜萬分吧！不過，在這天到來之前，貴族必須保持低調，如果被外人發現，就會以企圖爭奪王位的逆賊之名遭受刑罰。

如果深信宿命占星術，成為皇帝命運之人就是天命所歸，那麼這一點原則上是無法以人為方式抹滅的。然而，以皇帝的角度來思考，就會顯現出人類心理的弱點，所以占星師得極力避免宿命占星術所宣告的「自然法則」。實際上，大多數的皇帝在即位後，會宣稱自己出生時的天宮圖具有帝王之命，這就是成為皇帝的資格之一。如果沒有帝王的命格，就會換掉占星師。雖然占星術號稱為普遍性科學，但也會因占星師解讀的不同而眾說紛紜。

哈德良的宿命

哈德良的舅舅通曉占星術，當哈德良出生時，他特地繪製了天宮圖，宣告這名孩子未來會成為皇帝。如果是圖密善在位時期，具皇帝命格天宮圖之人會被賜死。但是，羅馬政府並沒有著手調查小孩的天宮圖，對於哈德良來說，這可是相當幸運的事情。

哈德良長大成人後，曾擔任守護羅馬邊境之職，但具高度文化教養的他，難以適應蠻荒的邊境生活。原本以為自己有望繼位，便開始對於自己的未來感到懷疑，於是他偷偷地請來占星師再次推算自己的運勢。

哈德良的父親早逝，親戚成為他的監護人，其中一人就是之後成為皇帝的圖拉真（Trajan, Marcus Ulpius Nerva Traianus）。圖拉真臨終的時候，他收養了哈德良，哈德良成為王位繼承人，但他的天宮圖是否具有成為皇帝的命格，也引發了爭議。不過，據說是後代的占星師杜撰了這個故事。

哈德良成為皇帝後，大力支持希臘的學術與藝術發展，其中當然包括占星術。他在每年的元旦訂定年度計畫時，會重新繪製天宮圖以進行占卜。

哈德良晚年多病，在過世的幾年前，不斷煩惱著繼位人選，據說他還運用占星術的知識來尋找繼位者。然而，被哈德良選中作為繼承者的魯奇烏斯·凱歐尼烏斯（Lucius Aelius Caesar），卻在公元一三八年一月一日早逝，比哈德良更早辭世。

另一位繼承人選是弗斯庫斯（Cornelius Fuscus），他雖然擁有成為皇帝命格的天宮圖，但因為遲遲等不到繼承皇位的機會而焦慮，並做出一些危險的舉動，結果觸怒了哈德良，遭到賜死，當時弗斯庫斯年僅25歲。根據占星師的分析，弗斯庫斯具有成為皇帝的命格，但又同時具有25歲早逝的命格。

透過行星運行所得知的壽命

占星師也預言哈德良會在某年死亡，不僅是星座，還要計算到行星的角度。對於皇帝這類地位崇高的人而言，是理所當然的事情。

以下引述占星師赫費斯提翁（Hephaestion）著作的第三卷內容：

為了讓人堅信所有論點的可效性，以下是我試著提出的天宮圖分析。各位不妨參考看看，這是納車普索（Nechepso）和皮特塞里斯（Petosiris）的分析方法，尼西亞帝國的安提柯也曾採用這個方法。他說：

「此人出生時，太陽位於水瓶座8度的位置，這時候月亮、木星、天宮點（上升點）都為水瓶座1度的位置，土星位於摩羯座16度、金星位於天蠍座12度、火星位於天蠍座22度的位置。由此天宮圖判斷，土星控制著月亮位，由於土星本位也是位於魔羯座，此人活到56歲時會因土星而死。不過，由於金星與土星位於極佳的位置，金星可以延長8年壽命，讓他活到64歲。經過61年又10個月後，天宮點與月亮會突然進入與土星保持90度的位置，但這並不代表死亡，因為金星位於月亮的角落，人會延續幾年壽命。」

此天宮圖顯示金星與土星呈60度的相位關係。在思考接近死期的61年10個月後的行星位置，再加減計算死期，經過相抵後推算出哈德良的壽命為62年又6個月。

希臘化科學之死

二世紀的哈德良是最後一位重視宿命占星術的皇帝，從此以後進入希臘、羅馬文化的衰退期。基督教取而代之，控制整個歐洲，多神教的希臘教被一神教的希伯來所排擠。

希臘化的科學在希伯來信仰的陰影下銷聲匿跡，宿命占星術為希臘化科學之一，主要概念是眾神寄宿在各行星裡，並且以多神教為基礎，因此難以與新興宗教的基督教相容。

受到行星的決定論所控制的地區，人類的命運早已成定局。不分善惡，僅具備唯物論自然法則之處，自由意志不受到認同，奇蹟當然也不太可能發生。

基督教會大分裂，分出了希臘正教以及羅馬天主教兩大派，西方的天主教會與希臘語文化的關係更加疏遠。在該時期之前，宿命占星術在拉丁文文化中紮根，但基督教在四世紀成為羅馬帝國的國教後，便失去了羅馬政府的支持。

羅馬帝國分裂為東西兩帝國後，在東羅馬帝國也產生同樣的情況，東羅馬帝國的通用語為拉丁文，但民間還是普遍使用希臘文。因此，當占星師直接沿用希臘文撰寫而成的占星術原文，並沒有將資料翻譯成拉丁文來占卜時，希臘占星術以托勒密為巔峰的時期，其偉大的時代便已成為過去。

自此以後，在東羅馬的拜占庭帝國統治千年期間，希臘占星術沒有任何演變，就這樣被保存下來。無論是國家或教會，都對占星師感到厭惡，基督教教廷的皇帝們，也將占星術視為違法行為。

公元三五七年，羅馬帝國皇帝君士坦提烏斯二世（Constantius II），將占星師與魔法師及其他占卜師同樣視為不歡迎人物。公元四二五年，狄奧多西二世在主教面前焚燒占星師使用過的書籍，並下令全國恢復信奉基督教教義，若不遵從者將遭到流放。同年，東羅馬帝國的狄奧多西二世與西羅馬帝國的瓦倫丁尼安三世都將占星師視為異端者，下令驅逐。

當然，即使皇帝發出禁令，占星術也不會完全消失，有些占星師暗地活動，但占星術的衰退卻是無法否定的事實。

於是，以往作為希臘化科學被寄予厚望的「科學性」占星術，也變成下等的民間信仰，無法持續發展。不僅是占星術，整體希臘化科學都在基督教教徒的打壓之下逐漸衰退，啟蒙運動者所稱的「黑暗時代」支配著中世紀歐洲。

從此以後，西方的學術主流遠離基督教教徒的世界，轉移到印度到中東的東方世界，也就是伊斯蘭教徒的世界。

5 文藝復興大爭論

科學史上的東西之分

我們平常都會比較東方與西方文明，但何處是東何處是西，如果沒有看過議論的脈絡，便難以了解東西的區別。古希臘人、羅馬人，或是歐洲人，都認為東西方是以伊斯坦堡的博斯普魯斯海峽為交界；西方世界（Occident）為歐洲，東方世界（Orient）為亞洲。

他們所稱的亞洲，雖名為東方，指的卻是現今的中東。然而，如果將視角移向東邊地區，中國人也將日本稱為東洋。

學術、科學，或是占星術，都是同樣的情形。從我們的角度來看，歐洲人認定為東方的印度或阿拉伯等學術傳統，絕對不是屬於東方，而是西方。因為源自古巴比倫的傳統西方科學主流，特別是數理天文學與占星術的主流，曾經暫時傳入印度或阿拉伯地區。

這個時候提到的東方學術傳統，是以中國為中心，加上朝鮮、日本、越南等衛星國，形成所謂的中華文化圈。近年來西方學者也注意到這點，在排除中華文化圈撰寫科學史的時候，會刻意強調是「西方」科學史。

古希臘哲學家亞里斯多德被視為古代西方科學史典範，與他有關並留存至今的文獻中，以阿拉伯文寫成的文獻，遠比拉丁文或其他歐洲語言文獻來得更多。阿拉伯地區比中世紀西歐更熱衷於研究亞里斯多德。在十九世紀之前，中國與日本的學者幾乎不認識亞里斯多德，光是這樣就能看出，阿拉伯與中華文化圈之間，其學術傳統有所差異。

科學的「黑暗時代」並不存在

在歐洲「黑暗時代」時期，希臘及希臘化的科學中心看似衰退，實際上已經遠離歐洲，轉移到印度或阿拉伯世界。由此可見，「西方科學」並不存在著「黑暗時代」，那些傳統經過代代相傳後，延續至近代。

占星術也步入相同的命運。跟天文學一樣，希臘文的占星術文獻被翻譯成梵文或阿拉伯文並保存下來，加上當地全新的要素後更有所演進，在上層執政者到下層百姓之間蓬勃發展。

或許可以換個見解，從占星術的產生到文藝復興初期為止，占星術與數理天文學相同，其發展中心都在於東方的亞洲，只是偶然將影響力延伸至西方，在希臘或羅馬普及。

部分文獻從巴比倫尼亞開始流傳，沒有經過希臘，就直接傳入印度，並且流傳至現今。這段文獻，對於我們抱持的歐洲中心史觀帶來了省思。

由於亞歷山大大帝的遠征範圍直達印度河河畔，所以希臘化文化的確傳入印度，但在論述印度的歷史時，由於無法確定年代，這是讓學者感到困擾的地方。

印度與中國相反，並沒有記錄時代的習慣，史料也是記載與周遭鄰國的關係，難以確定年代。其史料的時代為公元第一千年紀前半，我們只能採用這個籠統的說法。

即便如此，蒐集間接性證據後發現，到公元二世紀為止，人類的主要影響來自於巴比倫天文學。之後，尤其到了第一千年紀後半，希臘化天文學、占星術的影響也相當明確。

現今，印度是占星術最為蓬勃發展的地區，其人口中有90％的人，在出生時會由住家附近的占星師記錄誕生時刻，以及誕生當時行星的位置與排列。

當小孩長大成人，遇到各種人生問題時，就會詢問熟識的占星師的意見。如此一來，占星師會將占卜對象誕生時天宮圖與行星現在的位置及排列加以組合，提供中肯的建議。如果占卜對象打算結婚，占星師也會要來結婚對象的天宮圖，以確認兩人的契合度。

我聽說在印度南部的喀拉拉邦，有一位具領導地位的占星大師，於是前往拜訪。他盡可能參考近代天文學等知識，出版、發行一些依據正確行星位置與排列所推算運勢的圖表或書籍。

我試著問他：「您可以計算人的死期嗎？」大師激動地回說：「我絕對不能做這種事！」由於推算死期會衍生很大的問題，在職業占星師之間似乎被視為禁忌。

雖然因地區而異，但可以確認的是，印度對於伊斯蘭地區的確造成影響。在中亞的撒馬爾罕，除了印度，還能看出中國天文學所帶來的影響，當地占星師還會運用中國的二十八宿來推算運勢。然而在伊斯蘭地區，主要的影響還是來自於西方的希臘化社會，這是無法否定的事實。

十二世紀文藝復興

西洋史的古代、中世紀、近代的時代區分，到了現代依舊讓人摸不著頭緒，這原先是崇拜古希臘知識傳統的近代啟蒙主義者所劃分的方式。

文明在希臘產生，經過中世紀的黑暗時代，到了近代文藝復興時期再次復甦，這是近代啟蒙主義者所建立的單純歷史觀。在公元二世紀之前，是希臘、羅馬文化繁盛的古代，公元二世紀到十四世紀為中世紀黑暗時代，之後經過了文藝復興，進入近代。

假設將中世紀黑暗期是定在五世紀到八世紀，以上的說法就具有可信度。甚至在十二世紀之前，即使學者從伊斯蘭教先進地區造訪基督教西邊地區，傳入精密科學或占星術，當時歐洲的文化水平還是很低。

不過，在該時期以後，大量的阿拉伯文科學文獻被翻譯成拉丁文，歐洲社會的學術與藝術看見復甦的契機，所以如果世人還是將該時期當作「中世紀黑暗時代」，那麼就代表他們忽視了自十二世紀以後，歐洲人將阿拉伯文的學術知識翻譯成拉丁文，或是模仿伊斯蘭學校（Madrasa）建立大學所做的努力。

或許這些人認為阿拉伯玷污了希臘文化，因此應該要淨化文化。像這樣極端保守的西歐中心主義，至今已不復見，但試圖彰顯中世紀拉丁學者心血的人士，無論是中世紀還是其他名稱，他們提倡的是「十二世紀文藝復興」這類的時代區分。

阿布・麥爾舍的衝擊

在十二世紀文藝復興時期，當學術從伊斯蘭地區轉移到拉丁地區時，當然也少不了占星術。但不如說，由於占星術與人生有直接的關聯，比起純科學更容易引起世人的關注。

某文化技術轉移到其他文化時，首重應用層面。首先，阿拉伯的占星師會繪製拉丁地區掌權者的天宮圖，接著翻譯占星相關的書籍，最後再翻譯原理性書籍。

托勒密的著作也是如此，根據當今研究指出，《天文學大成》翻譯書是在一一六〇年問世，但記載占星術的《占星四書》則是在更早的一一三八年被翻譯成其他的語言。

然而，在占星術的領域中，托勒密的著作並不是最早被翻譯的，中世紀學者在翻譯阿拉伯語的科學文獻時，並非要樹立托勒密古典作品的權威。這些學者跟當今的科學家一樣，都是想導入當時最新的阿拉伯占星術成果。

其中，對於中世紀西方學者來說，九世紀的伊斯蘭科學家阿布·麥爾舍（Abu Ma'shar，西方名為Albumasar）是最具影響力的人物。他的著作《占星術入門》（Kitāb al-madkhal al-kabīr）於一一三〇年左右被翻譯成拉丁文版本，在之後的一世紀期間，它被視為占星術的權威書籍，後來才被西方學者的著作取代。

翻譯阿布·麥爾舍的著作是一件集大成的工作，其內容結合了東方的占星術智慧與亞里斯多德學派的自然學（物理學），並且彙整了托勒密學派的占星術內容。

因此，《占星術入門》深深刺激中世紀的經院哲學（Scholasticism）學者，並讓實際的占星行為廣泛應用。不過，坊間卻流傳著更為簡單明瞭的翻譯版本，大幅提高了實用性。

說明行星的影響

任何人應該都對占星術的運作結構感到興趣，並尋求詳細的解說吧！每個人都知道太陽或月亮的影響，但換成了行星後，沒有人會認為憑著行星微弱的光線就能對於地球產生影響。

就連亞里斯多德也沒有提及行星所帶來的任何影響。但是，根據托勒密學派的占星術理論，他們認為行星跟太陽或月亮相同，會對地球產生重大影響，甚至影響人生。

行星依靠的自身的作用力，環繞著恆星運轉，由於有作用力，便具有影響力，據說這種想法源自印度。因為行星的動態具規律性，可以計算動態。

阿布・麥爾舍為了說明地球多樣化的現象，必須計算各種行星具複雜化的影響。雖說為影響，主要分為兩種作用方式，包括接觸所造成的影響，以及透過媒介所造成的影響。

藉由接觸來傳達力量，常見於我們的日常生活中，這並非不可思議的事，稱為媒遞作用（物體之間所有的作用力都必須透過媒介來傳遞）。相較之下，太陽、月亮、行星距離地球遙遠，卻能造成影響，就像是光線的傳遞一樣透過媒介傳達力量的方式，稱為超距作用。

在之後十七世紀近代科學的成立時期，對於宇宙運行，笛卡爾學派主張的媒遞作用，以及牛頓學派主張的超距作用，兩者產生對立。雖然最後由後者勝出，但阿布・麥爾舍已經先行論述這兩種學派的觀點。

後者的超距作用又可分為三種，第一種是如同太陽般以自身力量在媒介中移動；第二種是如同熱氣般透過媒介來傳達力量；第三種則是如同行星般雖然沒有熱氣與光線，但宛如磁鐵能吸引鐵，可透過肉眼無法看見的媒介來傳達力量。

以上是身為現代人的我們也能加以理解的說明，但當時天文學家所抱持的科學觀念，卻與現代人的科學觀念大相逕庭。首先，當時的人們認為所有的行星都位於地球不遠處，附著在水晶球般透明的殼上繞行。我在第二章介紹了洋蔥狀的宇宙結構，洋蔥皮為透明性質，所有行星都會自行發光，並藉由透明的殼將光線傳達至地面。

根據阿布・麥爾舍譯者的解釋，為了對應行星旋轉的週期，天上會發出具高低起伏的音樂，並對地上的對應事物灌注了愛。這樣的解釋是相當難懂的，特別是以個人為對象的宿命占星術，這種解釋對於任何人來說都很難理解。

基督教對於占星術的否定

一二七七年，神學名聲顯赫的巴黎大學，引發了鎮壓異端運動，使得阿布．麥爾舍所建立的權威暫時受挫。教會對於構成占星術基礎的命運決定論感到憂心，因而發起鎮壓運動。

任何人都心知肚明，命運決定論不是源自基督教社會，而是來自阿拉伯地區。根據當時部分書籍的內容，他們甚至將阿拉伯哲學家視為是最具危險性的思想家，還特別列舉出來。

長詩《神曲》的作者但丁（Dante Alighieri）也認為，如果全盤接受阿拉伯科學，將阻礙基督教信仰的發展。他也提到了聖奧思定（Saint Augustine）的《懺悔錄》，書中對於世人沉溺於占星術的現象提出警語。

以上是在十二世紀初以後，對於持續百年以上的阿拉伯科學及自然哲學的熱潮，所產生的反動思想。

此外，在一四五三年，鄂圖曼帝國攻陷君士坦丁堡，導致拜占庭學派瓦解，學者流亡義大利，並指責阿拉伯的行為，包括但丁的次世代佩脫拉克（Francesco Petrarca）、薄伽丘（Giovanni Boccaccio）等人，也具有反阿拉伯的情緒。

後來，隨著阿拉伯占星術逐漸失去權威，很多書籍也不再引用阿拉伯占星術的內容。在十五世紀末期，如果家中存放太多有關於阿拉伯占星術的書籍，很有可能會招致殺身之禍。

在羅馬時代，政府之所以大力打壓占星術，是為了避免因皇帝死亡的預言而造成社會不安，具有社會及政治性的理由。然而，到了中世紀時期，因基督教體制的思想緣故，難以接受占星術的理論。

最令教會神父感到不解的地方，是基督或摩西的人生會受到行星的控制；他們也無法接受占星術對於自由意志的否定。雖然占星術被稱為天上的科學，但他們無法認同占星術控制著人類靈魂的論點。

新約聖經的開頭，記載了耶穌誕生的過程。根據記載，耶穌誕生的時候，有幾位占星師從東方而來，他們觀測到一顆明亮的星星升起，認為猶太人之王誕生了。該如何解釋這段記載，在基督教會引發爭論，但有天文學者解釋，耶穌誕生時所出現的伯利恆之星並不是行星，而是亞里斯多德自然學所稱的地面熱浪。

教會無法接受有人透過占星術的天象來解釋耶穌的人生，在一三二七年將繪製耶穌天宮圖的切科．達阿斯科利（Cecco d'Ascoli）處以死刑。

然而，在教會的聖統制中，每個層級對占星術的態度也有所不同。高層的意識形態指導者們，認為應該以哲學理論來駁斥占星術的命運決定論，但在教會傳教的主教階層，大多會運用占星術的內容。

舉例來說，任何時候我們都能向神祈禱，這是任意性的行為，但祈禱最具效果的時機卻是行星對於地球產生影響的時候，因此最好具備一定的占星術知識。一旦有複數以上的行星在天空聚集或接近的時候，就要選擇有好預兆的時刻。

羅傑・培根的投機主義

即使阿拉伯占星術的權威低下，該如何向來自東方的新知識及基督教妥協或融合，對於十三世紀以後經院哲學學者而言，這是最大的課題。占星術雖然是新知識之一，但是否要比照其他的科學，將占星術當成相同權威的科學，也成為學者之間爭論的話題。

十三世紀，英國方濟各會修士、哲學家羅傑・培根（Roger Bacon）傾心於阿布・麥爾舍的占星術，他認為當行星匯集於天空的某一處時，就是歷史發生重大轉變的契機。因此，占星術並不是用推算個人運勢等卑微小事，而是用來預測天下國家大事，稱為占星年代學。

羅傑・培根運用占星年代學，證明基督教比其他宗教更加精湛，成功強化基督教的地位。

他把與木星交會的行星（太陽系天體）分配在各個宗教，七大行星扣除木星後，變成六大行星，分別對應六大宗教：土星為猶太教、火星為迦勒底人律法、太陽為埃及人律法、金星為阿拉伯人律法、水星為基督教律法。

如果運用托勒密的天文學來計算水星運行，在各行星之中，水星的運行是最為複雜且難以理解的，以人類的知性來說，難以掌握，具有高深的真理。因此，羅傑・培根將水星分配給基督教。

不過，月亮的動態更加複雜，具有反覆無常的特性，無法遵循特定的法則。因此，可將月亮分配給反基督教、魔法、招魂術等類型。從月亮移動速度較快這點來看，這些宗教運動無法長久持續存在。

從培根以上的評論，顯現了初期經院哲學學者豁達且純真的投機主義。

經院哲學學者的邏輯

同世紀的哲學家和神學家大阿爾伯特（Albertus Magnu）則表示，占星術與基督教徒所稱的人類自由意志或行動自由，兩者並沒有矛盾之處。任何人都會受到太陽的影響，但只要撐傘就能遮蔽陽光。換言之，雖然天體的確會產生影響，但人類擁有能預防或調節影響的裝置。

經院哲學學者用來議論的武器是邏輯，不是科學觀測或實驗，是為了議論而提出的議論。究竟他們對於占星術是否抱持肯定態度呢？其立場並不明確。無論是贊成或反對占星術的立場，他們都是能提出議論的議論高手。

有人認為，連托勒密也認同占星術的合理性，這是希臘時代以來具古典性權威的學術。另外有人則批評占星術的預言缺乏可信度，並不能算是學術。十四世紀的哲學家尼克爾・奧里斯姆（Nicole Oresme）舉出所有占星術的論點，採取批判性態度，他雖然肯定自然占星術或行星串連所帶來的普遍性效果，卻全盤否定了醫療占星術。他認為，對於想要得知人生未來的慾望過於強烈，並不能算是好的徵兆，因此對於占卜行為本身採否定態度。

十四世紀末，當義大利宮廷的占星術發展最為繁盛之際，哲學家喬瓦尼・皮科・德拉・米蘭多拉（Giovanni Pico dei conti della Mirandola e della Concordia）在著作中從各種層面，徹底批評占星術。

對於街頭占星師的欺瞞行為，學者感到束手無策，但還是有許多擁護占星術的學者，並認為真正的占星術是正統科學，與其他的雜占或迷信有所差別。

被納入大學課程的占星術

根據大學史的定論，第一所大學成立於十二世紀義大利的波隆那與法國巴黎，並演變成為當今型態的大學。到了十三世紀，大學成立了神學、法學、醫學三種學系，大學的醫學系也將醫療占星術納入正規課程中。

在希臘時代以後的西洋教育史傳統之中，柏拉圖的四藝（算術、幾何、天文、音樂）被當作是教養課程中的基礎教育，其中提到天文這門學術，占星是可說是進入教育制度的立足點。在有關占星術教育的教材中，《占星四書》是經常被講授的教材。

此外，對於醫學系學生而言，占星術是醫療占星術的基礎。例如，法國的傑佛瑞教授，一二四一年曾在巴黎大學講授醫療占星術；一三七九年義大利帕爾馬的哲學家布拉休斯（Blasius）在波隆那大學講授占星術等，都是因醫學所需而從事的占星術教學行為。

在當時的知識社會中，比起占星術，醫療占星術更受到一般人所接受。推算運勢是否成真，由於結果會立刻顯現，騙子的技倆便原形畢露，但在醫學上的效果卻不會立刻顯現。此外，如果沒有其他有效的療法，即使同時使用各種療法，並運用被天空賦予權威的醫療占星術，也不是件壞事。

因此，在中世紀時期，醫療占星術的教授在大學醫學系中大多占有一席之地，帕多瓦大學、波隆那大學、薩拉曼卡大學、巴黎大學等都是如此。牛津大學墨頓學院曾經是聞名的醫療占星術中心。

其中像是沙列諾大學或蒙佩利爾大學等中世紀大學的醫學系，就曾扮演指導性的地位。醫學的傳統從希臘語至阿拉伯語、希伯來語到阿拉伯語傳遞開來，具有壓倒性的影響力。

透過占星術來解說傳染病

在以上的傳統之中，一三四五年歐洲爆發黑死病（鼠疫），根據占星術的解釋，是該年三月二十日土星、火星、木星都聚集在水瓶座的關係，造成人類相繼死亡。由於找不到確切的原因，在盛行醫療占星術的當時，人們只覺得是冥冥之中自有天意。

即使是當時的巴黎醫學大學，也將黑死病肆虐的原因解釋為黃道十二宮與太陽衝突，所造成的霧氣飄盪，或是溫暖的天空之火與海水劇烈撞擊的結果等。他們還認為，只要太陽繼續位於獅子座，黑死病的疫情將持續下去。

醫生無法救治罹患黑死病的人們，在恐懼與絕望之中，只能將希望寄託在天變與天災消逝的那一天（一八九四年，日本政府派遣醫學家北里柴三郎前往香港調查鼠疫，證實鼠疫是經由老鼠身上的跳蚤所傳播。黑死病爆發的成因是老鼠激增，不是受到行星的影響）。

十五世紀末以後，另一種傳染病猖獗，也就是現今的梅毒。有學者指出，發生梅毒的原因，是四大行星於一四八四年聚集在天蠍座所造成。根據此學派的論點，再一百年過後，當相同的行星於一五八四年聚集在其他的星座時，梅毒將會消失。

知名畫家阿爾布雷希特・杜勒（Albrecht Dürer）的版畫，也有描繪占星術關於梅毒成因的解釋。根據畫中的說明，當時外國傭兵經常將梅毒傳播回國內，因而有西班牙病或法國病的別稱。

即使過了一百年，到了一五八四年，梅毒依舊沒有消失，被稱為文明病延續至今。不過，有醫療占星家在偶然中發現，使用碘化汞來治療梅毒的療法。根據他的論點，可以透過水星來對抗惡星所造成的不良影響，由於水星對應水銀，得出塗抹水銀軟膏來治療梅毒的結論。

近代醫學因病原體學說發展後，細菌學家伊密・魯克斯（Pierre Paul Emile Roux）與埃黎耶・埃黎赫・梅契尼可夫（Ilya Ilyich Mechnikov）發現梅毒是血液中的微生物造成的疾病；日本醫生與細菌學家野口英世，也證實人類腦中存在著造成梅毒的微生物。

哥倫布帶領船員從美洲新大陸來到歐洲，船員也將梅毒傳到歐洲。因此，梅毒在歐洲肆虐，與行星或天蠍座沒有任何關係。

現代人所說的「流行性感冒」，其英語 Influenza 的語源為 Influence（影響），代表天空所帶來的影響。

總之，在科學家發現細菌或病毒之前，在無法得知這類傳染病是透過何種媒介而爆發的情況下，突然襲擊了人類，加上完全無法得知原因，感到恐懼的人類便將原因歸咎到上天。傳染病就跟地震或打雷一樣，都是一種天災，要消除傳染病只能依靠天變占星術。

文藝復興與柏拉圖主義

在十二世紀的文藝復興時期，阿拉伯語占星術書籍被翻譯成其他語言，大學也開始傳授醫療占星術，加上經院哲學學者輩出，那麼到了十五世紀真正的文藝復興時期時，世人對於占星術的態度如何呢？

一四五三年，君士坦丁堡淪陷，也就是希臘學者帶著古代文獻原稿逃到西方之後的時期，在西洋史的分類中被稱為文藝復興時期。然而，在這段期間究竟復興了什麼呢？

的確，古希臘、羅馬的文獻完整地被保存在君士坦丁堡。但在這段期間，學術的主流卻是在印度或伊斯蘭地區有所發展。因此，文藝復興所復興的文化，並沒有受到印度、伊斯蘭所玷污，而是古代、原始的希臘、羅馬文化。特別是在阿爾卑斯山脈以南的地區，柏拉圖學派的理論復甦。

柏拉圖學派的學者如何看待占星術，其實因人而異，無法概括表述。然而，他們並不在意占星術與基督教教義之間的衝突問題，為了展露對於古代無窮無盡的好奇心與博學多聞，因而強調占星術也具有「復興」的價值，跟其他的學術相同，具有成為大學授課科目的權威。

占星術原本就是一種經過嚴厲計算的決定論，但人類卻沉迷於占星術的神祕性。占星術與一般的神祕學，兩者的特性完全相反，但不知為何兩者常常被歸類在相同的範疇中。

有關於這個問題，無論是文藝復興時期之前，於十四世紀成為西方流行思想的柏拉圖主義，或是義大利文藝復興時期所盛行的新柏拉圖主義，都提供了解決問題的答案。

什麼是柏拉圖主義？一言以蔽之，相較於中世紀的經院哲學以亞里斯多德學術傳統為主流，讚揚柏拉圖學術傳統的便稱為柏拉圖主義。

無論是柏拉圖思想，還是其學術傳統，因為日後有各種演進與發展方式，所以可分出各種版本。不過，對於像亞里斯多德或經院哲學，這類著重於邏輯的理性主義，我們可將接納魔法、神祕學的柏拉圖精神主義，放在相對的位置。

在此舉出柏拉圖主義及新柏拉圖主義與科學或占星術產生關聯性的部分，尊重數學，就是其中一點。在柏拉圖創立的柏拉圖學院裡，相當重視幾何學、天文學、算術、音律學四大數學科目。

另一點是，各種現象的背後都有其存在本質的思考，需要發揮如詩般的想像力，這時候得精通神祕主義。

數學與詩會產生關連性且被拿出來相提並論，身為現代的考生應該都難以想像吧！主要的解釋如下。

每種現象的背後，都有某種數學性法則運作著，重點在於取出這些法則。這是近代科學成立時強烈運作的思維。由此可見，伽利略與牛頓都是屬於柏拉圖主義者。

然而，即使是取出法則，如果沒有在現象的背後發揮如詩般的想像力或創造力，也無法取出無形的法則。真正的數學，不會受限於現象的世界，無論是在無限大的彼方，或是在無限小的微渺世界，或是在無限次元，都能自由馳騁想像力。

占星術能滿足此項論據，占星術就是數學與詩意想像力的結合，也算是一種柏拉圖主義。

軟性占星術

現代我們所憑藉的近代科學，是解讀在宇宙中運作的數學性與力學性秩序，加以表現而成。從亞里斯多德派的邏輯，無法誕生近代科學的構想；自從柏拉圖主義成立後，才首次誕生了近代科學，這是近年來較具公信力的說法。

由此看來，占星術也許扮演了近代科學登場的先驅角色，像是十五世紀的歐洲學者馬爾西利奧・費奇諾（Marsilio Ficino），就是對占星術寄予厚望的柏拉圖主義者之一。

他認為，像是將天空的影響歸因於出現在天宮圖上的行星位置、十二宮位區別、相位等，以滿足個人的占星術之宿命決定論，是一種謬誤。不過，以費奇諾為首，多數的柏拉圖主義者都認為，天空對於地球的影響力，與天神所造成的影響力相同。

即使占星師強調金星與土星是敵對狀態，也不能完全依照字面意思來解讀。因為天上的所有物體，都是因為愛而運行。

天空並不是以因果律的枷鎖來連結人類宿命的「原因」，只是對人類指出各種「前兆」。

與其把紛紛降臨的天神恩典，當作是束縛人類自由的必然之鎖，倒不如將它當成是沉靜人類心靈的上天恩惠。相對於決定論的硬性占星術，這類非決定論的占星術又被稱為「軟性」占星術。

重新獲得評價的占星術，並不是與精神自由處於相對立的位置上，而是在天空中滿溢各地的影響，宇宙則是高深具有韻律與呼吸的有機體，使萬物獲得活性化，魔法將再次復活。

我們可以試著從科學者個人感情的層面，來思考以上的思想傳統與科學研究之間的關係。無論是宇宙或世事都會受到唯物性、決定論、必然性的法則所支配，但從中發掘出有趣的事物，會讓人感到期待與雀躍。與其說這是機械論傳統，倒不如說是魔法性傳統。

例如，利用燒窯燒製陶器時，如果精準地控制燒窯的溫度，就能燒出符合預定規格的陶器，這就是機械論。然而，如果在燒製過程中產生有趣的現象，例如有鬼的現身或蛇出沒等，到最後，便會有意料之外的結果，這也是燒製陶器的趣味性，這就是煽動鍊金術士的魔法性傳統。

在近代科學成立時，不就是這些魔法性傳統，在控制科學家的感情嗎？在近代科學成立的過程中，不可或缺的實驗也是這類的魔法性傳統，這就是近代科學的魔法起源論。

占星術與魔法的差別

在此，將從行為者的觀點，明確區分占星術與魔法區別。在進行魔法或其他占卜行為時，只要遇到需要占卜的時刻，魔法師或行為者會以自己的意志積極地營造占卜的情境。例如拿出羊的肝臟，或是使用易經的筮竹來占卜。

另一方面，換成占星術的時候，嚴格來說占星術是不允許人類意志的介入，也無法為了應付占卜上的需要而祈求神諭。

天變占星術也一樣，人類無法營造天變，當發生天變的時候，占星師才能解釋天變的含意並採取對策，是極為被動的占卜。即使是宿命占星術，所有的命運都已經透過行星來決定。

因此，消極性的占星術對於創造毫無貢獻，相較之下魔法是為了誕生某些事物的行為。根據近代科學魔法起源論者的觀點，魔法誕生了近代科學。從行為者的立場來看，只要有人沉迷於解決謎題的過程，科學就會延續下去，並且求新求變。

接下來要從觀測者的立場來思考，記載中國孔子言行的著作《論語》寫道：「子不語：怪、力、亂、神。」這是對於神祕學的否定，亞里斯多德也具有同樣的覺醒性邏輯常識。由此可見，占星術並不是神祕學。

根據占星術的場合，探索未知是受到神祕性情感支撐的行為，但其手段的確是覺醒性科學。只要遵循相同的原理，任何人都能獲得相同的結論，是共通性科學。

從占星術的原理來看，並不會因為某人占卜技術高超，就非得請對方來推算不可。因此，常見於日本街頭占卜師的神祕學設局方式，並沒有其必要性。

哥白尼的革命

東方的學校教科書中，講到尼古拉．哥白尼（Nicolaus Copernicus）於一五四三年提出了推翻天動說，倡導地動說的革命。在西方，哥白尼也是替宇宙觀帶來革命的重要人物，但西方並沒有使用地動說或天動說這類的文字用語，而是稱呼太陽中心說或地球中心說。

在東方社會，靜與動的對照，在傳統陰陽對應與分配理論中尤其重要，因此有動靜的表現。然而，在西方社會，宇宙的中心位於何處，才是西方人關注的重點。

在地球中心說的時代，人類認為自己住在宇宙的中央；但是到了太陽中心說的時代，人類偏離宇宙中心，繞著太陽旋轉，處於不安定的狀態。當時的人類感覺自己像是突然被帶到陌生的世界，失去方向感，無法立刻適應環境。

對於占星術而言，此項革命最重要的是，讓行星的概念產生革命性變化。根據以往托勒密的天文學或占星術理論，太陽及月亮與其他的五行星被視為是同等天體，因而有七大行星之稱。然而，根據哥白尼的理論，將太陽與月亮從行星群中抽出，取而代之的是我們所處的地球，成為行星群中的一員。

行星的數量不是7或5，而是6。如此一來，過去以七曜為前提的天宮圖計算方式便無法成立，必須全盤修改。

從宿命中解脱

此外，對於占星術來說另一個重點，是托勒密定義的宇宙範圍較小，而哥白尼定義的宇宙更為寬廣。托勒密宇宙的雛形，是如同洋蔥皮般緊密包覆行星的球體，所以比例較小。

因此，中世紀的宇宙觀範圍狹小，行星就在人類頭上往來，向地面傳遞訊息。在如此狹小的宇宙中間，人類受到天空、天體、天神的監視，渺小地活在世上，只能感受到命運被行星所牽動的宿命。

但是，哥白尼所定義的宇宙雛形，能以三角測量的方式測量行星之間的相對距離。測量方法是以從地球的角度觀測，以太陽為中心，只要得知行星的最大距角（行星和太陽之間分離的角度），將地球與太陽的距離當作正弦，即可取得太陽到行星的相對距離。

從結果得知，以太陽為起點，到水星、金星之內行星的距離較短；但面向火星、木星、土星之外行星時，其距離之大是連一本書都無法容納的程度。思考地球到恆星的距離時，由於無法發現視差，只能說算是無限遠的距離。因此，距離如此遙遠的天體，為何會影響地球呢？這是令人摸不著透頭緒的地方。

所以，人類終於能從行星的影響中解脫，能擺脫宿命的束縛。隨著哥白尼地動說的普及，有這種感受的人越來越多。

撇開太陽中心說不談，在文藝復興時期，學者經常爭論不休的哲學性問題，是世界是否為複數的？或是宇宙是否無限延伸？因此，人們已經不再坐困於中世紀狹小的宇宙觀裡。

在無限的宇宙中，太陽只是恆星之一，不會因為是宇宙中心而對周遭造成特別影響。如果連太陽都不會造成特別影響，那麼行星的影響就更小了。這樣一來，人類能從宿命中獲得解脫。

然而，從宿命中獲得解脫的同時，人類也突然被拋往廣闊的空間，感到無依無靠，心中忐忑不安。「在無限空間面前頭暈目眩」是近代，人類面臨的情況。

克卜勒的挑戰

在西方的知識傳統中，直到十六世紀前，包括亞里斯多德宇宙論，以及根據亞里斯多德宇宙論發展而成的天變占星術、醫療占星術、占星氣象學等，都還是學界的主流題材。這些是有被列入大學課程的高級占星術，與看手相、風水等民間信仰、尋找失物、推算運勢等通俗占星術，有明顯區別。

約翰尼斯・克卜勒（Johannes Kepler）是十七世紀科學革命的關鍵人物，他僅關注前者的發展。他試圖排除缺乏天文學根據的項目，也就是要排除掉以滿足個人需求的宿命占星術，特別是根據十二宮位所從事的占卜。

克卜勒是柏拉圖主義者，他比任何人深信各種現象的背後，都存在著數理性法則。由此可見，克卜勒可算是堅信萬物可透過數學來表現的畢達哥拉斯學派。

他深信宇宙具有數學性的法則，也不畏懼宗教改革的亂世，不斷地尋求無窮盡的法則性，並且試圖奠定占星術的理論性基礎。

他效法托勒密，尋找音樂協和音與行星相位的關係，也就是音樂與占星術調和論的關係，嘗試各種方法來建構複雜理論。此外，他也試著驗證氣象資料與相位之間的關係。

宿命占星術也是相同的道理，小孩出生的時候，占星師會觀察行星所發出的混合光線，來解釋小孩的性格。

不過，克卜勒與托勒密一樣，都承認占星術為第二科學，沒有應驗的結果相當多。不可思議的是，在天文學的領域中，克卜勒雖然提倡太陽中心說，但在占星術的領域中，他並沒有提到占星術與太陽之間的關係。

哥白尼與克卜勒都是提倡太陽中心說的知名人物，根據他們提出的新宇宙論，太陽或月亮有別於其他的行星，會對地球造成特別影響，因此可以依據太陽中心說來重新定義占星術。至少克卜勒抱持著如此的志向。

但是，克卜勒信奉的柏拉圖主義，大多數以失敗告終。各種現象的背後都有出色的法則在運作，並發揮思辨及創意，但結果通常不太順利。

然而，稱為克卜勒三大定律之一的行星運動法則，因為是屬於天文學的領域，獲得顯著的成果，成為近代科學發展的基礎。

宗教改革與占星術

由馬丁・路德（Martin Luther）或約翰・喀爾文（Jean Calvin）推動的宗教改革，與文藝復興相同，都是劃分西方近代的歷史事件。然而，用宗教改革劃分時代的說法，僅限於新教成立的阿爾卑斯山北部地區。因此，阿爾卑斯山南部的科學或占星術，與宗教改革沒有太多關聯。

在拉丁地區，該如何兼容東方的新知識與基督教信仰，是最重要的課題；但在新教地區，信仰自始至終，與科學都是被當成不同的領域，兩者的存在是各自獨立。

對於新教徒而言，占星術就像是一把雙面刃。由於喀爾文等人對於出現於聖經的摩西等預言者，視為類似占星師的身分，並沒有否定占星術的存在。

喀爾文抨擊占星術的理由，是其決定論會造成社會的危險性，並不是違背科學精神。他雖然毫無猶豫地認定天體具有驚異性的影響，但並不是一種威脅，他不忘強調，神是超乎萬物的存在，信奉神之人毫無任何畏懼之處。

不過，天主教會的經院哲學學者動輒批評占星術，作為反動思想，新教徒則是站在保護占星術的立場。為了與早期天主教會大學的學術相互競爭，占星術站上舞台，並一度被被學者接納。

類似的事件發生於十七世紀中期，英國爆發清教徒革命，占星師布克（John Booker）曾預言瑞典國王古斯塔夫二世・阿道夫（Gustav II Adolf）的死亡而遠近馳名，於是一六四三年，當時的清教徒政府便任命了布克為官方公認的占星術書籍出版者。

政府的用意是，防止圖謀不軌的反體制性占星術書籍出版，並且為了政治目的而利用這群御用占星師。

占星術在當時獲得政府公認，盛極一時。倫敦每年有40位以上的占星術師創立學會，定期舉辦聚會，獲得占星術新派教會相關人士的祝賀。這在英國歷史之中，可說是空前絕後的現象。

崇拜占星術的族群有兩種，一種是能閱讀拉丁文的知識份子，另一種是只能閱讀本國語言的一般大眾。很多知識階層都會以拉丁文來閱讀占星術，對於內容提出批判。

另一方面，當時的英國在占星術的發展尚早，但法國的占星術文化更加蓬勃，像是十六世紀的諾斯特拉達姆士（Nostradamus）等人的法國占星術書籍，屢次被翻譯成英文版。對於較少接觸各類文化的大眾來說，占星術是外來文化的全新知識，因而廣受歡迎。著有《基督徒占星術》（Christian Astrology）一書的英國占星師威廉·利利（William Lilly），曾經預測清教徒革命內戰時期的議會軍將會獲勝而聲名大噪，獲得政府的信賴。他每年出版占星月曆，其序文獲得當前政府的支持，並預言王政的沒落。因此，在王政復古運動後，他聞風而逃，從此消聲匿跡。不過，他的著作在之後的二世紀期間，被當成占星術的典型教材。

占星師不僅獲得清教徒政府的庇護與獎勵，也取得部分激進派宗教作家的支持。英國神學家韋伯斯特（John Webster）深信理性為精神內在之光的敵人，主張將神學研究逐出大學，並納入以往不受大學重視的占星術或神祕學研究。不過，他的主張卻成為其他教派的攻擊對象。

最讓占星師感到畏懼的批評，是世人將占星術與黑魔法混為一談。由於當時再次興起獵巫的行動，讓占星的行為就像是自己的生命受到威脅，所以他們必須主張自亞伯拉罕以來，歷史上所有基督教的預言者都是占星師，具有與神祕學不同的正統性。

占星術獲得激進並分裂為各派的清教徒支持，長老派等保守並尋求統一的派系，則是大力抨擊占星術。

占星術在社會的角落之間取得許多百姓的暗中信奉，但在知識份子之間卻成為厭惡的存在。但如果占星術獲得政府體制的支持，並光明地踏上大街，那些反對的聲讓也會浮上檯面。在清教徒革命時期，無論是在法庭或議會，都激烈地議論有關於占星術的基本問題。

最終，雖然沒有找到明確的結論，但在之後的時期，占星術的哲學性與科學性基礎廣獲世人熱烈與認真地議論的景象，已不復見。

6 從近代科學脫離

從「數學」轉變成「力學」

看完公元二世紀托勒密所撰寫的著作後，會覺得他就像是一位擁有近代科學家思維的人物，他還盡可能將各種現象還原為自然事物，以說明事物的本質。

事實上，在古希臘時代，特別是進入希臘化時代後，像阿基米德般類似近代科學家風格的人物輩出。

從以上的見解來分析，《占星四書》的占星術可算是《天文學大成》中天文學的應用。也就是說，占星術是近代思維中基礎科學與應用科學的連結。基礎科學中的天文學，具精確的數理性理論；作為人生應用的占星術，並沒有像天文學般精確。

然而，這只是通曉近代科學的近代人的偏見。在古代的提問之中，有許多是近代科學家難以理解，或是已經淡忘的問題，也許大多數只是遙不可及的夢想。

例如，就像是古代的畢達哥拉斯學派，有許多人堅信萬物之下皆有數字運作，因此可透過數學來說明萬物的本質。托勒密也是其中一人，正因他深信這個道理，才能寫出像《天文學大成》的大作。

在同個時期，中國人也將這類學問稱為「數學」，名為「象數」之學，也就是計算人類命運的學問。中國人並不認為這是迷信，而是將數學當成學術領域的一部分。換言之，占星術科學橫跨東西方，以數學性的原理來預測人類宿命。

但是，近代科學家並不滿足於現狀，認為如果要連結天空與人生，他們會試著從物理性的原因與結果來產生連結。原因是，可用牛頓所強調的「力學」，並透過力學來解釋所有的現象。

近代以前，占星術是以科學的形式，與天文學共用其範例，也就是所謂的數學。不過，近代科學的範例不是數學，而是力學。

從科學脫離

單從歐洲傳統文化來看，在中世紀黑暗時代，占星術所衰退的部分是「身為科學的衰退」。但在這段期間，占星術的科學在印度、阿拉伯文化之中發展，然後在十二世紀，占星術再次從阿拉伯傳入歐洲。從古代傳承下來的科學開始復甦，於文藝復興時期蓬勃發展。

之後，經過了文藝復興時期，如同前章所述，「占星術是否算是一門學術？」在學者之間上演激烈的爭論。結果，他們認為預測人生這種事，不能當作一門學術，因而放棄占星術的可能性，並將近代科學的方法與對象加以固定化。

十七世紀，以物質與其運動性來解釋所有自然現象的「機械唯物主義」自然觀，相當盛行。如果要探究物質的內容，就是談原子與分子的世界。因此，歸根究柢，就要提到原子、分子（牛頓稱為粒子）的運動。

牛頓先從地球與月亮的關係為例，思考原子、分子運動，從中發現萬有引力定律。定律指出，兩個質點之間相互吸引的作用力，與其質量的乘積成正比，並與它們之間的距離成平方反比。透過力學來解釋所有的自然現象，這就是牛頓的力學自然觀。

根據力學的自然觀程序，如同將電力或磁力還原為動力，物理現象也可還原為力學現象。

化學現象會先還原為物理現象，再還原為力學現象。雖然整個過程不太順利，但牛頓學派曾嘗試以粒子會因距離的立方反比、次方反比的定律而互相吸引，藉此說明化合現象。

生物現象會依序還原為化學現象、物理現象，最後是力學現象。

至於心理現象與社會現象呢？由於有自由意志介入，所以無法完全還原為生物現象。雖然有些人能將人類心理或戀愛情感還原為腦中原子、分子的力學，但要將占星術的社會現象直接與天體運行的力學現象連結，還是顯得不切實際。

近代科學家學習了這套思考模式後，領會到與科學相關的主題之本質，他們並不認為可以運用科學的方法來預測人生。

這些方法無法套用在占星術本身。因此，占星術便在十七世紀末與科學斷絕關係，從近代科學的角度來看，占星術已經「從科學中脫離」。

近代科學家開始辨別透過學術所能解決的事情，不會隨便誇示超能力。至於持續誇示自身超能力的占星師，則被世人當成魔法師來看待。

當時，占星術與醫學是經常被拿來比較的領域，當時醫學的水平等同於占卜或魔法，處在還沒有成為被稱作科學的等級。然而，隨著醫學的進步，醫學晉升為科學的等級，到了現代，已經沒有人會提出占星術與醫學的比較論述。

然而，過往人類將心靈寄託在占星術，打算預測未來人生的願望，即使失去了科學的基礎，那一絲絲的怨念，依舊被懷抱著飄向空中。因此，即使至今占星術已經被逐出科學界，它仍作為次文化的形式，在人的內心擺盪。

牛頓開啟的道路

有趣的是，原本應該是將占星術逐出科學世界的牛頓，卻被同儕等近代科學家批評為占星術理論者，因為他所提倡的超距作用，感覺像是一種心電感應，令人難以理解。

十七世紀，是機械唯物主義在思想界中最具優勢的時代，英語的Mechanical同時具有機械與力學的意思，但換成日文後語感稍有不同。我將牛頓以前的時期稱為機械唯物主義自然觀，由於牛頓確立了力學，所以之後改稱為「力學自然觀」。

不過，雖然稱為「力」，如果是前述的媒遞作用，肌膚就能感覺到壓力或衝擊。因此，笛卡爾所提出的宇宙受到媒遞作用影響的解釋方式，以直覺上來說更為淺顯易懂。

笛卡爾認為，粒子在宇宙中緊密地擠在一起，連續不斷地接觸後，傳達力量。宇宙的力學就像是在木桶中清洗芋頭般，是互相推擠的世界。不過，這是屬於流體力學的原型，以數學性來說，至少這在當時算是相當複雜的理論，無法完美說明天體運行的方式。

牛頓提出的超距作用，是將天體當成所有空間中具有質量的一點，由於屬於質點力學，以數學性來說更為單純。

於是，月亮繞著地球轉，地球繞著太陽轉，牛頓根據萬物運動時距離呈平方反比的運行法則，來完全說明天體的運行。

牛頓所提出的天體力學，是近代科學的先鋒，屬於最精密的科學。由於此法則出人意料地經常套用於各種現象，成為近代科學最基本的法則。

如果流體力學比天體力學更早起步，也就是學者優先採用了笛卡爾的架構作為範例，而不是牛頓所提出的架構，近代科學發展的方向將與現況有極大的差異。

如此一來，就不用思考在大體等遙遠的兩物體之間運作的無形、超越性力量，也不用過度迷信宛如心電感應或占星術般的力量作用。透過接觸的力量所建構而成的物理學與科學，對我們來說，是更加簡明易懂而息息相關的學術。

這樣的話，學生就不用再苦思「蘋果為何從樹上掉落？」等問題。有關於電磁力，就是以麥可・法拉第（Michael Faraday）的電磁感應定律為基礎，而不是模仿牛頓的庫侖定律（庫侖平方反比定律）。

有法國學者認為，愛因斯坦相對論中扭曲空間以傳達力量的想法，是繼承笛卡爾主張的媒遞作用；從牛頓主張的超距作用成為範例這點來看，是近代科學悲劇的淵源。

如果用媒遞作用的概念來說明占星術，而不是超距作用，會產生什麼樣的結果呢？就科學史而言，會有邁向各種發展的可能性。但今日我們所遵循的，只不過是受到歷史偶然選擇的法則之一。

「計算」行星的影響

在科學史中，牛頓是近代科學成立的分水嶺，在牛頓之前與之後的時期各有不同的發展。究竟什麼是科學的方法？這是人類長年以來無法找出答案的問題。人類以往繞了許多遠路，只為了找出答案。即使踏入占星術的領域，在追尋占星術是否為正確的學術方法時，也只是處於迂迴、摸索路線中的一個區塊。

占星術之中，宿命占星術並不是特異人士所進行的魔法，而是任何人都能用同樣原理進行的方式，很顯然這是科學的一種。但是，即便宿命占星術屬於科學，卻無法永遠受到世人的接納。如果難以被近代科學家接納，那麼宿命占星術就不能算是近代科學。

自從牛頓時期以後，學界取得了共識，終於得知科學的方法為何。換言之，科學就是牛頓式解決問題的過程，這就是學者獲得的範例。

所有的現象都依循著機械唯物主義，最終可還原為物質與運動，物質也會還原為無法再分割的粒子（原子），運動也會還原為牛頓力學的基本方程式。

當此方法定型後，科學家會遵照其範例操作，之後只要不斷地解開牛頓所提出的理論即可。

首先被提出的是天體運行，因為這是牛頓力學誕生的原點，牛頓透過萬有引力法則，闡釋了月亮與地球沿著橢圓軌道運行的定律。

人們還可以將此定律套用於太陽與地球、太陽與其他行星，以及其他太陽系天體的運行上，以計算這些天體的運動。這麼一來，誕生了天體力學這門學術。

天體力學並不承認占星術的存在。太陽系中所有的天體，的確都會對地球上個人的重力造成影響，但經過計算可發現，太陽的影響程度還是最大，月亮其次，其他的行星則慢慢變小，其他行星的影響甚至可以忽視。

此外，根據牛頓力學的思維，宇宙並不是以地球人類為中心，宇宙並不存在古代、中世紀人類所想像的中心。因此，從牛頓時期開始，在運用天文學（Astronomy）與占星術（Astrology）這兩種用語時，開始有了顯著的區別。

哈雷慧星的衝擊

牛頓本身是一位心思細膩的人，也沉迷於研究鍊金術及聖經年代學，他絕對不是一位死板的近代科學家。然而，他對於占星術卻隻字未提。

像牛頓這樣知名的人物，在後世留下了各種傳說。據說某位占星術評論家曾問牛頓，他是否相信占星術，牛頓回說：「我有研究占星術，但你沒有。」這是受到占星師反覆流傳的故事，但故事缺乏實證來源。

尋找該故事的起源，就會找到某本占星術書籍的記載。據說曾計算出哈雷彗星公轉軌道而聲名大噪的愛德蒙．哈雷（Edmond Halley），曾經拜訪牛頓，並斥責牛頓相信占星術的行為。結果，牛頓對哈雷說：「我有研究占星術，但你沒有。」就是這書中記載的故事。

哈雷拜訪牛頓，並促使牛頓寫出著作《自然哲學的數學原理》（Philosophiæ Naturalis Principia Mathematica），這是在科學史上知名的故事，足以證明兩人的關係匪淺，但看不出來兩人會有以上的對話內容。

附帶一提，哈雷也成為讓近代科學排除占星術的推手。在很久以前，日食與月食已經是一種週期現象，其構造相當清楚，但科學家尚未確認彗星的特性，這也是天變占星術所留下的最後課題。恰好在那個時候，哈雷依據牛頓的天體力學，預測彗星將再度回歸，並透過實際觀測來加以證實。

因此，科學家將確認回歸的彗星命名為哈雷彗星，對於主張彗星天變性的占星師造成嚴重打擊。

占星師集團試圖拉攏有力人士，以借用牛頓的權威，但他們似乎怨恨鼓吹牛頓思想的法國啟蒙時代思想家伏爾泰（Voltaire），還特地繪製了伏爾泰的天宮圖，預言他會在53歲時死亡。不過，伏爾泰過了53歲，還多活了30年之久。

占星師能發現海王星？

在哥白尼之前的時期，人們長年來深信天空只有五顆行星。到了近代，當哥白尼的太陽中心說獲得採信後，地球成為圍繞太陽運行的其中一顆行星，全部變成六顆行星。

以往透過肉眼觀測天象，是有極限存在的。到了十七世紀，天文學家開始使用望遠鏡後，終於發現肉眼難以辨識、又暗又遠的行星。

首先，英國天文學家威廉・赫歇耳（Frederick William Herschel）於一七八一年，發現土星外圍的行星，將之命名為烏拉諾斯（Uranus），中文翻譯為天王星。雖然以肉眼無法看到天王星，但透過望遠鏡即可辨識其存在。

天文學家以牛頓力學來計算天王星的運行後，發現根據理論的計算結果，無法吻合觀測結果，並推測天王星的外側還有其他的行星環繞，會對天王星的引力造成影響，最終得出吻合的計算結果。

天文學家於一八四六年，將望遠鏡朝向預設的位置後，果然發現了行星，稱為海王星。

如果占星術與天文學同屬精密科學，占星師應該也能發現海王星的存在，如果只有納入天王星，便無法獲得正確的占卜結果。因此，假設天王星之外還存在另一顆行星，就能保持正確的占卜結果。這樣一來，占星師也可以拿著望遠鏡朝向預設位置，藉此發現新的行星。

然而，占星師似乎不擅長預測行星的所在，也沒有這樣的想法。當天文學家發現新行星後，占星師便仿效觀測結果，加入海王星所造成的影響，以修正占卜方式。

於是，到了二十世紀，天文學家克萊爾．威廉．湯博（Clyde William Tombaugh）在海王星外發現一個天體，名為冥王星。至今，天文學家尚未發現冥王星以外其他行星的存在。

天王星與鈾相似

如此一來，對於占星術的世界也產生極大影響。有占星師辯解，以往占星術無法準確預測，是因為沒有考慮到位於土星之外肉眼無法看見的行星之故，因此占星術要順應時勢才行。

在占星術的世界裡，各行星透過眾神，成為地面事物的守護星，而天王星則是「機械」的守護星。由於當時正逢工業革命，在天文學家發現天王星的七年後，詹姆斯．瓦特（James Watt）於一七八八年製造了蒸汽機，看來占星師也具有順應時代潮流的眼光。

那麼，天王星的下一個海王星呢？天文學家是在十九世紀發現海王星，由於已進入鐵路時代，所以海王星被視為「鐵路」的守護星。

至於冥王星呢？汽車與飛機是二十世紀的象徵，冥王星要作為哪個現代產物的守護星，這是占星師爭論的問題，此爭論延續到了戰後。

某位占星師表示：「天王星的英文為Uranus，其發音跟製作原子彈的原料鈾（Uranium）很像，所以天王星可作為鈾的守護星。因此，冥王星是相對於銀白色鈾的『黑暗』守護星。」

這個邏輯看起來有點牽強，但可看出占星師試圖讓新發現的行星對應象徵時代的產物。

重力造成的微小影響力

無論如何，還必須考量到冥王星對於占星術的效果。但是，冥王星距離遙遠，體積非常小，其重力對於地球的影響，遠比木星的衛星木衛三或土星的衛星土衛六（泰坦）更小。

根據牛頓力學基礎方程式，兩個相互作用的力量與其質量的乘積成比例，與距離的平方成反比，公式為 重力＝G（質量a×質量b）÷（距離）^{2}。

只要在公式中放入各行星與地球的質量，以及行星與地球之間的距離，即可簡單算出重力。

為了更易於理解，如果以火星對地球的影響為基準，來思考各行星的影響力時，太陽的影響力為火星的85萬4千倍、月亮為4千6百倍、木衛三為0.004倍、土衛六為0.08倍。冥王星的影響為0.0000031倍，比其他行星小了好幾位數。

因此，暫且不論月亮，過往占星師沒有考量到木星或土星的衛星所帶來的影響，顯然是他們的疏漏。

如果再考量到地球物體之間重力的影響，像是嬰兒出生時母親對於嬰兒的影響、旁邊婦產科醫生的影響、醫院的影響等，其影響力都比冥王星這種又遠又小的行星來得更大。根據上述的計算方式，假設母親的體重為50公斤，嬰兒的體重為3公斤，兩者之間的距離為15公分，來思考一下母親的影響力吧！將數字放入公式所得到的數值，是火星對地球影響力的20倍。

某位占星師認為，人體大部分是由水組成，就像是月亮會對地球潮汐作用產生影響，行星也會帶來潮汐般的影響。不過，經過計算後，行星的影響力比重力更小，也就是與距離的立方反比成比例。

太陽的確有壓倒性的影響力，地球的所有能量都是源自太陽，月亮的影響力僅次於太陽，其他行星的影響力則是可以加以忽視的程度。

附帶一提，在占星年代學中，有種現象叫做行星串聯、連珠，這是在地球單側，所有行星以同方向相連的現象。於是，加上各行星的影響後，產生了足以破壞宇宙系統與太陽系秩序的天變地異。

然而，經過計算後就會馬上了解，在觀測太陽與月亮時，雖然其他各個行星不是完全沒有影響，只是人類不會有明顯的感覺而已。

理論不僅是收集經驗知識，而是一種高尚的行為，這是現代人容易抱持的偏見。但是，理論化發展速度過快的結果，就是導致人類難以從理論或教義中獲得解脫，這是透過占星術歷史所看出的現象。

經過了中世紀以及文藝復興時期學者激烈的議論後，到了十七至十八世紀的近代，人類才終於從古代建立的天地關聯原理之理論中，獲得解脫。

以人類為中心的占星術

占星術是立足於人類中心原理，相較之下，科學並非以人類為中心，而是以自然為中心。科學雖然與人類相關，但是將人類當成對象，卻很難說其主體是以人類為中心。

想要得知未知未來的人類慾望，強烈占據占星術的中心。至於行星的運行等，雖然是作為科學形式的古典天文學的最大課題，但對占星術而言，只不過是用來占卜的手段之一。

可惜，科學並無法滿足人類想要一窺未知世界的慾望。即使在未知的世界，占星術依舊與神祕學的世界劃清界線。神祕學的未知是空間性的未知，對於與當今日常世界所不同的世界所產生感情，才會化為神祕學信仰，但永遠停留在未知的階段。

然而，以占星術為首的占卜，其對象是時間性的未知世界。重點在於，得確認到了某一天或某個時刻時，占卜預測是否成真。

當然，所有的預測，都會有相同的命運。在社會科學的領域中，預測的工作會被當作是一個項營業項目吧！然後預測失準，學術的地位便受到質疑。當預測失準時，科學家就會大肆批評，認為預測不能算是科學的範疇。

自然科學並不在意預測，即使沒有透過預測，只要能證明牛頓的力學法則是持續成立的狀態，這樣便足夠了。

剛好遇到了哈雷彗星或在太陽系運行等具回歸性的天體，能預測其回歸性。於是，占星師在運用天宮圖占星術時，便利用了預測的可能性，應用在人生層面，這是科學所無法成立的應用形式。

近代科學拋棄了學術的人類中心原理，並從中獲得解脫，屏除學術的、以人類中心為原理的要素後，成立了近代科學。所以用機械或機器人就能精準預測事物發生，機器人也一樣能做出精準的動作，但要人類以機械為目標，結果往往不近人意。此外，大多數的人類也不想這麼做。

換言之，身為實驗動物的人類，屬於科學的對象，但在行動層面上，人類並不想完全遵照科學原理，因此才會強調自由意志。這麼一說，要透過科學精準地預測人類的行動，本來就是不可能的事情。

科學沒有目的

隨著近代科學捨棄占星術的人類中心原理時，也隨之捨棄了相當多的事物，這是無法否定的事實。

古希臘亞里斯多德提出了四因說，來解釋世上萬物諸事的背後原因，其一為目的因。例如，木頭是構成事物材料的質料因，如果要製作木屐，木屐就是目的因。所有的行為通常都有目的因，但近代科學捨棄了亞里斯多德的目的因，否定、捨棄了從事科學的某種目的。

近代科學脫離了目的後，急速進步與發展，這時候科學捨棄了倫理，對人類有貢獻的原理遭到捨棄。

近代科學沒有目的，因此將科學運用於任何目的時，也有可能是有邪惡目的。威脅人類存在的科學遭到濫用例子，可說是不勝枚舉。

但是，人類不能將科學當成占星術的目的。因為即使能準確觀察行星的運行，要將行星運行與作為占星術目的做結合，也就是預測人生，是相當困難的事情。

由此看來，以占卜地球的人事物為目的，經過彙整而成的東方天變占星術資料，後來變成沒有目的性的科學資料並沿用至今，是相當諷刺的一段歷史。此外，這也是相當罕見的例子。

寄託人類夢想的大事業

占星術與鍊金術或超心理學一樣，都被稱為擬科學，因擬科學的日語發音與「偽科學」相同，也有人因此誤寫成偽科學。

先有正統科學，接著才有仿效科學性質的占星術，但是以語言的順序來說，占星術的歷史比科學更加久遠，因此正統與否的定義並非是根據歷史發展的順序。到了科學被確立為最具正統性學術的近代時，回顧過去，沒有成為科學範疇的，就被稱為擬科學。

占星術與鍊金術都不是近代科學，無法列入科學的範疇中，科學並沒有目的。非要說的話，科學的作用是充分認識與理解自然，如果是為了功利性的目的，便脫離了科學原本客觀性的認知。

占星術的目的是預測世界或人生，只是剛好運用天體運行來推算運勢，作為一個手段而已。附帶一提，鍊金術的目的是長生不老，才不是製造偽金幣，其手段是化學性的行為。

無論是預測人生或達到長生不老，占星術已遠遠超乎科學的客觀性認知，寄託了人類無止境夢想，是人生的一大事業。

不過，現今宿命占星術所運用的占卜手段，以機率性來說並無法保證其顯著性。現實中的占星師們依舊緊抓著近代以前的托勒密理論不放，被「迦勒底的智慧」所束縛而有所懈怠。

無論是預測景氣，或是預測個人事業發展以訂定計畫，都需要尋求更理想的占卜方式。換言之，在機率性方面，其中確有真正的差異存在。

然而，如此的事業並不是屬於科學，占卜是洞察將來的行為，並非尋求科學法則的客觀性。如果占卜有著客觀性法則，人類的自由意志將沒有發揮的空間，並會陷入命運決定論的灰暗宿命支配中。

最終，人生就像是一場遊戲，透過占星術推算將來運勢，並將希望寄託在將來，凝視著預測與現實之間的鴻溝，接著以鴻溝為反饋，為了下次的預測進行占卜。

7 生存於現代的占星術

學生們的要求

一九七〇年代初期，占星術熱潮興起，曾一時蔓延於學生族群之間，尤其在美國更為顯著。

在更早之前的一九五七年，蘇聯搶先美國發射史普尼克1號人造衛星，美國為了避免落後蘇聯，開始改良學校理科教育，打算培育更多的科學人才。

美國的年輕人從小就被灌輸科學至上主義的填鴨式教育，對此感到疲憊不堪。在進入大學後隨著反越戰運動推動學運，作為批判近代科學的手段，學生們再次提出占星術的理論。

「在普羅大眾中，占星術迷明顯比天文學迷更多，可見社會對於占星術的社會需求度相當高。大學教授與科學家們，是如何看待這個事實呢？」這是許多學生所提出的問題。

身為近代科學的天文學，對於實際的人生顯得不切實際，但占星術卻能直接呼應任何人都關心的人生訴求，占星術在民眾之中擁有廣大的擁護者，也是理所當然的事情。

然而，提出要求的學生，是在大學學習各類科學與學術的知性人類。可是，他們竟然要在屬於知識聖域的大學課程裡，引進占星術並取代天文學，大學校方看到這種情況，只能感嘆惋惜。

其中也有屈服於學生的要求，將占星術納入課程之中的大學或短期大學。此外，也有一些出版社將占星術納入天文學教科書裡。不過，這些都是從科學家的立場，對於占星術提出批判性的介紹。

從提出要求的學生角度來看，這也許只是一種黑色幽默，但美國的部分科學界中，深切地接受了這股風潮。

消滅占星術宣言

一九七〇年代初期，依舊有一些反對六〇年代越戰等「異議」世代，在社會運作著外向的激進運動，持續盛行。到了七〇年代中期開始，社會產生反動思想，出現內向性自我封閉的「自我主義」社會風潮。在這股風潮之中，占星術逐漸崛起。

有些人終於看不下去，在一九七五年，有一篇刊登於《The Humanist》雜誌中名為「反對占星術」的宣言文章，共有包含18位諾貝爾獎得主的186位具指導性地位的科學家，在文章中署名。

宣言文章的開頭提到：「活躍於各種領域的科學家，對於近年來占星術普及於世界各地的現象，感到憂心忡忡。」列出天文學家巴特・包克（Bart Jan Bok）、科學記者傑若米（Lawrence E. Jerome）、哲學教授保羅・柯茲（Paul Kurtz）三人為文章負責人。文中的聲明對於占星術的非合理主義表達批判、譴責、痛惜之意。

其中的主導者包克，從年輕時期開始便多次策畫反占星術運動，他藉由過往經驗明辨分析，光憑科學評論並無法制止占星術的發展；占星術就像是宗教。不過，他也領悟到現今天文學或物理學的思想，並無法助長占星術發展，專家有義務要讓一般人民得知這個事實。

他實際繪製天宮圖，闡釋天宮圖並不符合現代天文學的原理。根據他的理論，占星術師會使用電腦或天文學上的合適資料，散佈說它們的活動是立足於科學、合理性的見解，這是對於科學家的挑戰。包克以類似公害警告的消費者運動方式，表現出科學家對於民眾成為占星術犧牲者的憂慮。

包克當時已辭去美國天文學會會長及哈佛大學天文學教授職位，搬到隱居聖地亞利桑那州，並擁有亞利桑那大學大學名譽教授頭銜。以包克為首的學者們，二度帶著宣言文章來到美國天文學會。學會事務局相關人士認為，若捲入占星術爭論將有損學會名聲，以此理由拒絕刊登文章。

因此，包克從天文學會或美國國家科學院等機構的會員中選出225人，舉辦連署活動，結果取得186人的贊成。

媒體的邏輯

包克將矛頭指向一般大眾背後的媒體，他說：「像是知名報社、雜誌、出版社毫無批評性地普及占星術預言的現象，我們無法忍受這些媒體的行為。」

新聞媒體搶先回應，接受包克的挑戰。事實上所有的美國報社對此都有相關報導，甚至有許多報社也刊登了全版的篇幅來報導。數百家報紙的社論皆有評論此事，電台與電視台也特別開設有關於占星術爭論的節目。畢竟以占星術為主題的節目收視率極高，對於新聞媒體而言是不可錯過的題材。

沒有刊登占星術報導的媒體，認為此宣言有其意義存在，也有媒體對其宗旨表達景仰之意。

但是，大多數媒體覺得，占星術就像是有趣的遊戲，如果剝奪老百姓微不足道的消遣來源，也未免太不懂人情世故。

雖然這樣說，但還是有狂熱份子深信占星術。於是有人提出，針對這些人要跟香菸廣告一樣，寫上：「過度迷信有害健康」之類的警語，但這類的建議只是在開玩笑。

那麼，自從有了這些批評言論後，刊登占星術報導的媒體是否就會直接辯駁呢？之後媒體刊登占星術報導的情形是否有所節制呢？

部分報社原本就打算停止刊登占星術報導，並以此為契機付諸實行，但大多數的報社依然持續刊登。沒有任何理由眼睜睜看著廣大讀者群被其他報社搶走，這就是媒體與商業主義的邏輯。

批評科學權威主義

後來，在我所看過的反論中，像是編輯《化學教育雜誌》的化學家兼業餘科學史家博得．班飛，就提出過略帶嘲諷性的評論，他指出：「在這個科學啟蒙風潮蔓延的時代，如此認真批判占星術的行為，顯得小孩子氣。各位應該要多加思考占星術普及的理由。」他的這番言論，曾引來知名科幻作家以撒．艾西莫夫（Isaac Asimov）等人的強烈反擊。

我們比較熟悉班飛，能理解他的想法，但艾西莫夫的反論讓人想到二世紀之前的啟蒙論調。這時候我才想到，當占星術在社會蔓延時，深受其害的是科幻作家與科學啟蒙家。

這牽涉到讀者市場的問題。另外，在眾多科學家中，有多位天文學家毅然決然署名，就是因為他們多次被世人當成占星師，而感到困擾。

曾身為劇作家的哲學家保羅．費耶阿本德（Paul Karl Feyerabend），曾受到貝托爾特．布萊希特（Eugen Bertholt Friedrich Brecht）的影響，持續批評死板的科學信仰，所以他也立刻回應批評占星術宣言。他批評，此宣言充滿宗教色彩，是科學權威造成的權威主義，而且提出議論的方式並不恰當。費耶阿本德還認為，這類宣言文章跟文藝復興時期羅馬教廷所提出的鎮壓異端文章沒什麼兩樣。

費耶阿本德還打算提出更細微的科學爭論，因為包克在執筆的宣言文章寫道：「我可以肯定地斷言，天文學或宇宙物理學之近代概念，並無法接納占星術的宗旨，或是站在反對的立場。」這話表達的重點是，七曜的位置等天體現象，並不會影響地球上的人事物。

不過，自古以來天文學家都知道太陽活動對於人生的影響，卻不了解其微妙的相位，這是令人意外的地方。例如，太陽黑子的活動週期就曾經影響地球活動。

這些都是科學家應當探索的課題，但他們卻獨斷性地排斥課題，並從原理性來直接否定占星術，這不就是放棄身為科學家的職業本分嗎？就像是相撲時直接將對手推出土俵，這是職業爭論者的傳統老套手段。

此外，宣言提到科學家反對占星術的原因是「占星術源自魔法」，但這代表他們並不了解占星術。如同本書前面提到，占星術中的宿命占星術至少是從科學開始發展，到了近代才被逐出科學的世界。

雖然在實用層面上，占星術經常被當成魔法，但以原理性來看，宿命占星術的基礎為科學性決定論，魔法師無法藉由超能力來控制。

此外，宣言的內容很明顯是在強調過往社會的無知，現今社會則是託科學之福，才能造就發達的知識；這是站在啟蒙主義的立場。但是，根據近年來人類學家的報告，無論是古代人或現代的「未開化人類」，都具有驚人的豐富知識，只不過是今日的科學知識與種類，有所差異而已。

不合邏輯又如何？

批評占星術的科學家，屢次強調占星術的不合邏輯性。但是，今日占星術大受歡迎，不就是因為其不合邏輯性嗎？對於占星術感到興趣的人，也不會覺得占星術的理論是百分之百正確吧！此外，他們也不會將天宮圖所闡述的死期視為是絕對性的結果。

在科學萬能的現代社會，大多數人應該都能區別邏輯與非邏輯的差異吧！不過這意思就是，凡事都得遵照科學或專業科學家的指示，形成所謂的科學至上主義。因此有學生假借占星術之名，透過非邏輯主義來反抗科學至上主義。

科學是專家的領域。喔……原來如此，專家所說的話應該是具邏輯性且正確的吧！但是，為何我們一定要聽從講究邏輯的科學家所說的話呢？對於科學家而言，占星術的確是不合邏輯吧！但又如何呢？

對於科學家來說，發現邏輯性事物也許是一件樂趣無窮的事情，這也是大學教授維生的來源。但是，對我們來說，這些事情沒有任何樂趣，只會造成大學的知識訊息過剩。如果科學進步，相對地知識量也會暴增，產生知識公害的現象，這應該是廣大學生的心聲。

像這樣，科學啟蒙主義成為當然意識形態並橫行已久的現今，占星術的現代意義，是讓世人注意到科學主張了本分以外的權利。例如，科學的本分不是預測未來，實際上也無法辦到。

首先批判占星師

費耶阿本德在柏克萊人學授課時，聽課的學生多到擠滿教室，甚至到了走廊，是大受歡迎的講師。他擅長以修辭學來攻擊爭論對手，一瞬間科學這個現代權威獲得解放，學生稚嫩的臉龐，充滿陶醉的神情。

天文學家卡爾・薩根（Carl Edward Sagan）曾在《The Humanist》雜誌投稿一篇名為「論科學正統性傲慢之例子」文章，文中充滿譴責的語氣。

美國社會學家羅恩・韋斯特拉姆（Ron Westrum）曾參與編輯世界科學院具批判性內容的書籍。他認為，科學家是尊重科學的一份子，但他們明明不是占星術專家，卻不分青紅皂白地以科學權威來批判占星術，這不是科學性的方法。他跟薩根一樣，都主張應該要透過專家成立調查委員會，以法院爭辯般的程序來面對問題。

不過，這些議論者並非完全支持現實中的占星師，一般的占星師度量比科學家更狹小，更加固執己見。因此，占星師是首波被人批判的對象，接著是獨斷批判占星師的科學家，他們也遭第三方議論者批評，可說是結構層層。

薩根單單只是認為，科學家的做法是一種權威主義，但這樣無法說服科學家以外領域的人士，僅此而已。

另一方面，有人也加以批評說，能全盤接受占星術的人，因為不會去閱讀科學家的批評文章，這樣的宣言並沒有任何效果。

占星師的反論是可想而知的，但他們對於其他占星師的批評，出乎意外地多。社會橫行許多假冒的占星師，他們不懂占星術，經常用騙術矇騙世人，導致正統的占星術往往被世人誤會。

相對地，批評者認為占星師的專業度參差不齊，也不像教會般具有權威性組織，因此並不足以畏懼。

資訊化社會下的不安

根據美國的統計，對於占星術感到興趣的多數人都是輕度崇拜者，他們不會過度在乎占卜結果是吉是凶。相較之下，平均每一萬人中大約有一人是篤信占星術的重度崇拜者，這應該是有心理問題的族群。

如果在古代，行星所傳達的法則具有必然性，人類只能遵照天體的法則行事，當人類抱持著穩固的命運必然觀念時，一切就只能盡人事聽天命。

然而，到了近代，人們開始脫離狹隘的宇宙觀，在無限空間展翅高飛獲得自由，但他們同時在無限空間之前，感到頭暈目眩而不安。這是感覺自己被逐出自由空間的近代性不安。

相較於習慣於安定與枯燥無味生活型態的中世紀，近代則是單方向奔往進步的道路，但卻看不見進步的終點。

自古以來，政界或演藝圈的人士經常倚賴占星術，因為他們的職業發展不算穩定。第四十任美國總統隆納・雷根（Ronald Wilson Reagan），他的妻子南希・雷根（Nancy Davis Reagan）出身於演藝圈，南希・雷根曾請教占星師，運用占星術推算丈夫任免政府高官等有關政治的問題，因而引發新聞媒體的報導。

在科學技術進步的現代，為何占星術反而更為盛行呢？可能的解釋之一，是潛藏在資訊化社會中的判斷、思考問題。在資訊化社會中，資訊變得更加豐富，人類要如何在爆炸的資訊中加以選擇並行動，考驗著個人的果斷思考。

現代已經不是古代受到天空或天神控制的「預定和諧」（pre-established harmony）世界，各人都擁有選擇的自由，可遵從自由意志來行動。因此，在資訊化社會裡，精神病患者劇增。

例如，政府預定要在住家附近蓋一座核能發電廠。有關於核能發電廠的危險性，反對派主張核能發電廠會有輻射外洩的風險；相對之下，贊成派會極力說服反對派，強調核能發電廠的安全性。沒有學習過原子物理學的老百姓，對於核能發電廠一知半解，夾雜在贊成與反對派的混亂資訊中難以判斷，因此感到不安。

從前不會有這樣的情況，即使人類對於原子物理學一無所知，也不會有任何困擾之處，能繼續過著安居樂業的生活。即便如此，很多人說，如果欠缺眾人厭惡的科學技術知識，未來人類將無法生存下去。

但如此一來，知識環境充滿各種廢棄物，因此遭到污染。以往有一群被稱為法律流氓的專家，他們熟知法律，經常欺騙無知民眾。那麼，現在這群科學家會變成科學技術流氓嗎？

不過，平民再怎麼樣也無法贏過專家，如果硬要尋求果斷思考，他們就會去求助占星師，以聽取占星師的建議及判斷，這是較為便利的方式。

扮演諮商角色的占星術

在日本圖書館中，以占星術為首的占卜相關書籍，都被歸類在心理學的書櫃中。即使在書櫃的心理學書區中，占星術書籍往往被陳列在心理諮商書籍的旁邊。某天早上，有位名聲響亮的國立大學諮商師突然打電話給我，想詢問有關於占星術的問題。心理諮商在戰後日本看似逐漸成形，但學生不太會前來諮商，因此諮商師認為如果透過占星術來號召，也許會讓學生產生興趣。至於之後的成效如何，是我比較關心的地方。

然而，心理學家不喜歡被拿出來跟占星師相提並論。此外，諮商師所具備的技能，是擔任患者的最佳聽眾；占星師則是解讀對方的心理，以先發制人的方式來實行占星術，兩者有顯著的差異。

但是，一般的占卜師，尤其是占星師，具有比常人更加敏銳的直覺，與其解讀客戶的星座性格，他們更擅長解讀客戶當下的心理與想法。相信有很多占星師都具備成為諮商師的資質吧！這麼一說，從前老百姓有煩惱的事情時，就會去找街上的算命師商量。

以下是我的親身經驗，我在電視節目上提到，近代科學並無法預測人生，所以占星術無論在哪個時代都能存活下來。結果，上完節目後有人馬上邀請我開設天文學史的課程。

雖然天文學史是我的專業領域，因為很少有人邀請我開設這類專門主題的課程，於是我欣然答應了。可是，在上了一段時間的課後，我發現學生對於占星術的興趣比天文學更高。

我向該機構的負責人詢問原因，他說：「很多來這邊諮商的人，都覺得自己搞不好明天就會離開人世，他們認為也許能透過占星術獲得一絲求生的希望……」我立刻回說：「你們沒有辦法提供比占星術更為有效的方法嗎？」結果對方聽完不發一語，當場陷入沉默。

此外，我也曾經在某間文化中心講授占星術史，大多數的聽眾都當成文化史聆聽，似乎興趣盎然，但卻有一位看起來心事重重的中年婦女，不斷糾纏地說希望能透過占星術來解決煩惱，讓我感到十分困擾。如果沒有把心靈寄託在某些超脫世俗的事物上，就會時時刻刻感到不安。

有關於宿命占星術的命運決定論思想，我們都會指責是對於自由意志的否定，但這是強者的邏輯。相對之下，有許多感到煩惱的弱者，會想從選擇的自由重擔中獲得解脫，將一切託付於超脫世俗與命運性的事物。

為了給予這些人勇氣，占星術作為權宜之計之一，以及對症下藥的治療方式之一，運用占星術來治療便是受人允許的行為吧！有很多人的心靈深處，的確是深信占星的力量。

自古以來，透過占星術的貢獻，能夠減緩某些人的不安。占星術，在現代資訊化社會的作用是減少未知的不安，克服不確定的未來，是一種資訊收集的手段，為了讓人類在各種選擇中能毫不猶豫地做出思考、判斷。

後記

我有一本名為《占星術——在科學史上的位置》（紀伊國屋書店／紀伊國屋新書，一九六四年，之後為朝日新聞社／朝日文庫，一九九三年）的前作，書中重點是以相同的標準，來比較西方與中國及日本的傳統，屬於比較史的內容。自從前作出版後，已經過了四分之一世紀的時間，由於在這段期間我有許多想要補充說明的全新內容，所以撰寫了這本全新的著作。

要區分某種知識活動是否屬於科學的領域，是科學哲學的一大主題，這時候幾乎都會提到占星術的例子。我透過歷史來追尋這個問題，想要以科學的界線設定為軸心，論述占星術是否屬於科學的一種，因此在日文的原版書籍下了「介於科學與魔法之間」的副標。

有關於占星術的解釋，本書與前作的內容並沒有特別不同之處，但我盡可能刪去重複的內容，各位可將本書視為前作的續篇。

不過，本書的西洋占星術史內容已有所統一。另外為了讓剛接觸占星術的讀者能了解科學史、天文學、占星術的基本內容，所以我在書中都有詳盡解說。

自從前作出版後，對於西洋占星術史研究的解釋並沒有革命性的突破，但我還是以文藝復興時期為中心，透過再次審視西方魔法傳統等內容，產生更細微的研究，並盡可能列出後再加以彙整，刊載於本書中。

近年來，西洋占星術逐漸受到大眾媒體的報導；有愈來愈多的社會科學家，在論文中有提到占星術。大多數的內容都是站在統計、客觀、學術性的觀點，證明占星師的預言失準的地方，但也會添加一些社會心理學中令人感到興趣的資料。

一九九一年的夏天，筆者在柏克萊的加州大學高等教育研究中心，蒐集了本書所需的史料，在此向熱心提供資料的相關人員表達感謝之意。

還要感謝編輯部的丸本先生，對於原本沒有打算再撰寫占星書的我，不斷地給予鼓勵並協助彙整。

一九九二年四月

中山茂

解說

鏡龍司

占星術研究是一項非常艱難的工作，我想這比各位想像中的還要難上數倍，不對，應該是數十倍。

占星充其量不就是瑣碎的占卜項目之一嗎？頂多只能在歷史的註解中加入相關內容。對於科學史家或文化史家而言，應該會將占星放在本業之外的閒暇工作項目吧……但千萬不要有這種想法。

提到「占星術」（Astrology）研究，從名詞的本意來看，是指終極的跨學術領域工作。靠著撰寫媒體所稱的「占星」書籍以維生糊口的我，雖然自以為威風地掛上「占星術研究師」的頭銜，但果然是年輕氣盛的關係，如今我真想挖個洞鑽進去。

只要粗略讀過本書就會了解，無論是時間或空間的意義上，占星術這個文化的遺傳基因，擁有驚人的範圍。

誕生於古巴比倫尼亞的天宮圖占星術，其原形在希臘化時代接近成形，經過阿拉伯文化的淬鍊，到了文藝復興時期，在西歐產生優異的成果。

此外，將占星術傳至東方的水脈，流入印度、中國、日本，在日本平安時代的密教寺院，繪有占星十二星座的「星曼荼羅」誕生。

隨著科學革命與啟蒙主義的興起，進入了近代。雖然到了近代，占星術在十七世紀以興盛的印刷術為媒介，於社會大眾之間普及。十九世紀末到二十一世紀的現在，占星術仍保有其生命力，託占星術之賜，讓我們人類能取得生活的精神糧食。

如果要正式研究占星術，除了須具備英文、法文、德文、義大利文等近代語言專長，還得具備解讀古拉丁文、希臘文、阿拉伯文的能力。此外，數學、天文學、宗教、哲學等也是不可或缺的廣泛知識。因此，能夠進行占星術研究的人，可說是正統的知識份子，如此形容也不為過。

而且，占星術研究具有另一個讓人意外的門檻，那就是存在於學院派或知識份子的「占星術恐懼症」（Astrophobia），是根深蒂固的排斥感。

無論好壞，占星術是存活於世上的傳統。宗教學家米爾恰・伊利亞德（Mircea Eliade，一九〇七～一九八六年）在一九七四年提到：「相較於占星術在現代社會讓人感到頭暈目眩的名聲，其過往的比例與威望，絕對沒有今日旺盛。」即使過了一九七四年[1]情況也沒有太大轉變。不！倒不如說透過網路這個新媒體的傳播，占星術更加盛行。二〇一八年一月《紐約時報》（The New York Times）電子版刊登名為「占星術是如何主宰網路」的報導，詳細介紹占星術廣受歡迎的現象。[2]

因此，學者為了避免外界把像我這樣的「占星師」與他們混為一談，必須說出以下的開場白。

哎呀！我們當然不信占星術這一套，我們只是站在人類歷史的角度進行研究。

在本書出版之前，同樣由中山茂先生撰寫的出色占星術史啟蒙書《占星術——在科學史上的位置》，書中結尾引述占星術與占卜史研究的古典權威奧古斯都．布希—琉坎（Auguste Bouché-Leclercq，一八四二～一九二三年）所說的話，令人印象深刻。他說：「當你得知其他的夥伴做了哪些徒勞無功之事時，就不再是徒勞無功。」[3]

此外，本書多次參照占星術研究泰斗諾伊格鮑爾（一八九九～一九九〇年）的資料，他稱占星術為「可憐的學問」。這一句話代表到文藝術興時期為止，被視為文化中心且具有權威性的占星術，其衰敗的樣貌，以及學者在審視占星術時所面臨的困難性。[4]

要如何跨越占星術的兩大門檻？也就是涉獵占星術所必備的學識，並克服占星術恐懼症，在日本特別難找到這類學術性的占星術書籍可介紹。現今可列出的書籍有S・J・泰斯特（S.J. Tester）《西洋占星術的歷史》[5]、塔姆辛・巴頓（Tamsyn Barton）《古代占星術》[6]，還有自賣自誇由我翻譯的尼古拉斯・坎皮恩（Nicholas Campion）《世界史與西洋占星術》[7]等，都是能探索占星術史且具公信力的書籍。不過，當我在求學的時期，中山茂先生的著作與先驅者荒木俊馬《西洋占星術》（一九六三年）等書籍並駕齊驅，是相當寶貴的資料。從十幾歲起便沉迷於占星術的我，曾經如飢似渴地閱讀本書，本書以淺顯文字來解說西洋占星術的整體知識，是前所未見無與倫比的珍貴啟蒙書。

在歐美地區，從十九世紀末開始進行、構成本書基礎的正統「西洋」占星術研究。[8]先前引用布希—琉坎所說的話，是出自一八九九年《希臘占星術》一書。以比利時考古學家弗朗茨・庫蒙（Franz Cumont，一八六八～一九四七年）為中心，研究者們從一八九八年起花費了五十年以上的歲月，編撰了《希臘占星師手稿目錄》（Catalogus Codicum Astrologorum Graecorum，簡稱 CCAG），使初級資料更加完備。諾伊格鮑爾等學者的工作，則是以此史料為基礎逐漸建構。

占星術在林恩・桑代克（Lynn Thorndike）的淵博科學史中，占有極大比例。他提到：「占星師的工作是預測未來，表現出自我文明的姿態。」占星術的觀點為「擁有與人類生活及興趣相同的寬闊空間。」因此，不能忽視占星術的存在。[9] 這是桑代克在一九一三年所提出的論點。

另外，像是法蘭茨・波爾（Franz Boll，一八六七～一九二四年）、法蘭克・埃格爾斯頓・羅賓斯（Frank Eggleston Robbins，一八八四～一九六三年），以及先前提到的諾伊格鮑爾、大衛・品瑞（David Pingree，一九三三～二〇〇五年）、查爾斯・巴內特（Charles Barnett，一九五一年生）、日本的山本啟二（一九五三年生）等研究者輩出。

此外，在美術史、圖像學領域，占星術也有極為重要的貢獻。一九一二年，德國歷史學家阿比・沃伯格（Abraham Moritz Warburg，一八六六～一九二九年）於國際美術史學會發表名為「於義大利菲拉拉的斯齊法諾亞宮舉辦的義大利美術與國際性占星術」演講，透過演講他闡明，十五世紀畫曆所呈現的謎樣圖畫，是起源於埃及並傳入印度或阿拉伯的占星術圖畫。[10] 之後像是歐文・潘諾夫斯基（Erwin Panofsky，一八九二～一九六八年）等學者的著作《土星與憂鬱》（Saturn and Melancholy）[11]等，沃伯格學派產生了相當出色的占星術研究成果。現在，劍橋大學還出版了占星術研究入門手冊。

然而，即使在這樣的發展下，分隔學術性研究者與占星術實踐者的深淵，依舊相當深。對於中山茂先生的著作抱持高度敬意並熱中閱讀的我，不對！應該是因為熱愛閱讀其著作，才加以「實踐」占星術的我，對於各界對於占星術熱愛者所發出的諷刺性言語，多少會感到受傷。

但是，很多人努力去慢慢填補這個深淵，占星術實踐者或是對於占星術感到共鳴的研究者，雖然人數不多，已經逐漸現身。

一九八四年是值得關注的一年，倫敦大學沃伯格研究所與占星術實踐職業團體倫敦占星聯誼會，分別舉辦了探討占星術歷史的會議。前者由占星術實踐者歷史學家帕特里克・柯瑞（Patrick Curry）[12] 貢獻成果，後者的成果貢獻者為占星師安娜貝拉・基德森（Annabella kitson）[13]，他們皆有出版論文集。[14]

此外，在八〇年代以後，占星術實踐者羅伯特・漢德（Robert Sterling Hand）、詹姆斯・荷頓（James H. Holden）等人將古典占星術文獻翻譯成現代語言；尼古拉斯・坎皮恩（Nicholas Campion）等人於一九九七年發行學術雜誌《Culture and Cosmos》創刊號。像是費奇諾研究者安吉拉・沃斯（Angela Voss）、希臘主義占星術研究者多利安・格林鮑姆（Dorian Gieseler Greenbaum），或是以哲學立場進行占星術思想研究的傑佛瑞・科爾內利烏斯（Geoffrey Cornelius）等，都是研究者兼具占星術實踐者的身分。

身為占星術實踐、信奉者是否能客觀地研究占星術呢？我想可以用以下的比喻來回答。在研究古樂這個音樂領域時，沒有接觸過樂器的人，或是不曾體驗音樂真正樂趣的人，是否能了解古代音樂的本質呢？

這就是人類學家所稱的 etic「客位觀點」與 emic「主位觀點」。

例如，傑佛瑞．科爾內利烏斯曾評論研究文藝復興的博學者安東尼．葛拉夫頓（Anthony Grafton），對於文藝復興學者吉羅拉莫．卡爾達諾（Girolamo Cardano）所提出的見解。[15] 葛拉夫頓的著作《Cardano's Cosmos》（一九九年），其對於文藝復興哲學家兼占星師吉羅拉莫．卡爾達諾（一五〇一～一五七六年）所做的研究，毫無疑問是一項偉大的研究。對於其淵博學識，科爾內利烏斯絲毫沒有任何懷疑。

然而，當葛拉夫頓提到卡爾達諾占星術充滿「非一貫性」的「錯誤」與「粗糙」時，科爾內利烏斯則是站在實踐者的立場來擁護卡爾達諾。[16]

葛拉夫頓指出，根據卡爾達諾的占星術規則，火星位於強大的位置時，預告有人會意外死亡；另一方面，根據人文主義者波利齊亞諾（Angelo Poliziano，一四五四～一四九四年）的誕生星圖，雖然火星位於西方地平線，他並沒有意外死亡，而是代表「遠離自己的故鄉」，因此顯現出卡爾達諾的「非一貫性」。然而，火星代表意外死亡，只是卡爾達諾所提出的警句，絕對不是占星術解釋體系的中心。波利齊亞諾的火星為代表本人的行星，根據專門用語的解釋是位於「損傷」的位置，也就是占星術語所稱的陷（detriment）或「異鄉」（alienato）的狀態。科爾內利烏斯在此找出卡爾達諾充滿詩意的占星術實踐理論，這如果沒有透過占星術加以實踐，是無法感受其背後的含義。

被稱為「可憐的學問」的占星術研究，近年逐漸加入實踐者的觀點，相信未來也將會逐漸發展吧！因為占星術所描繪的，是紮根於人類內心深處，對於行星和未來的憧憬。

最後，以講談社學術文庫形式問世的本書，扮演開啟占星術研究之門的角色，相信其價值會逐年上升，這是我的大膽「預言」（不過，我沒有事先觀察星象）。

【注釋】

1 米爾恰・伊利亞德《神秘主義、巫術、文化流行》（Occultism, Witchcraft and Cultural Fashions）楠正弘、池上良政翻譯，未來社，一九七八年，102頁。

2 Amanda Hess,"How Astrology Took Over the Internet",https://www.nytimes.com/2018/01/01/arts/how-astrology-took-over-the-internet.html（二〇一九年七月二十五日點閱）

3 中山茂《占星術——在科學史上的位置》紀伊國屋書店（紀伊國屋新書），一九六四年，188頁。

4 有關於學院派中處理占星術實踐性內容的方法論問題，可參照麗茲・格林的《Jung占星術研究》序章（Liz Greene, Jung's Studies in Astrology: Prophecy, Magic, and the Qualities of Time, Routledge 2018）（鏡龍司監譯，原書房）。

5 S・J・泰斯特《西洋占星術的歷史》，山本啟二翻譯，恆星社厚生閣，一九九七年。

6 塔姆辛・巴頓《古代占星術——其歷史與社會機能》，豐田彰翻譯，法政大學出版局，二〇〇四年。

7 尼古拉斯・坎皮恩《世界史與西洋占星術》，鏡龍司監譯，宇佐和通、水野友美子翻譯，柏書房，二〇一二年。

8 有關於十九世紀末學術性與實踐性的希臘主義占星術研究進展，可參考 Chris Brennan, Hellenistic Astrology: The Study of Fate and Fortune, Amor Fati Publications, 2017, pp.134-141。

9 Lymm Thorndike, "A Roman Astrologers as a Historical Source: Julius Firmicus Maternus", Classical Philology, Vol. 8, N0.4 (October 1913) ,p.416

10 阿比・沃伯格《杜勒的古代性與斯齊法諾亞宮的國際性占星術》（《沃伯格著作集》第五卷），伊藤博明監譯，加藤哲弘翻譯，ARINA 書房，二〇〇三年。

11 雷蒙・克利班斯基、歐文・潘諾夫斯基、弗里茨・薩克爾《土星與憂鬱—自然哲學、宗教、藝術的歷史研究》，田中英道監譯，榎本武文、尾崎彰宏、加藤雅之翻譯，晶文社，一九九一年。

12 Patrick Curry (ed.)，Astrology, Science and Society: Historical Essays, Boydell Press, 1987.

13 Annabella Kitson (ed.), History and Astrology: Clio and Urania Confer, Unwin Paperbacks, 1989.

14 有關於科學與占星術之間充滿糾葛的關係，可參照 Nicholas Campion, Patrick Curry, and Michael York, Astrology and the Academy: Papers from the Inaugural Conference at Bath Spa, Cinnabar Books, 2004。

15 安東尼・葛拉夫頓《卡爾達諾的宇宙觀—文藝復興時期的占星師》榎本惠美子、山本啟二翻譯，勁草書房，二〇〇七年，136 頁。

16 Geoffrey Cornelius, "Review Essay: Anthony Grafton. Cardano's Cosmos: The Worlds and Works of a Renaissance Astrologer", Culture and Cosmos, Vol. 9, No. 1 (Spring / Summer 2005).

西洋占星術史
科学と魔術のあいだ

西洋占星術史
是科學還是魔法？最有趣的古今天文觀測與世紀爭論

作　　者　中山茂
翻　　譯　楊家昌

責任編輯　蔡穎如
封面設計　兒日設計
內頁設計　林詩婷

行銷企劃　辛政遠
　　　　　楊惠潔
總 編 輯　姚蜀芸
副 社 長　黃錫鉉
總 經 理　吳濱伶
首席執行長　何飛鵬

出　　版　創意市集
發　　行　英屬蓋曼群島商家庭傳媒股份有限公司城邦分公司
Distributed by Home Media Group Limited Cite Branch
地　　址　104 臺北市民生東路二段141號7樓
7F No. 141 Sec. 2 Minsheng E. Rd. Taipei 104 Taiwan

讀者服務專線　0800-020-299 周一至周五09:30～12:00、13:30～18:00
讀者服務傳真　(02)2517-0999、(02)2517-9666
E - m a i l　service@readingclub.com.tw
城邦書店　城邦讀書花園www.cite.com.tw
地　　址　104臺北市民生東路二段141號7樓
電　　話　(02) 2500-1919　營業時間：09:00～18:30

I S B N　978-986-0769-34-0
版　　次　2021年11月初版1刷
定　　價　新台幣420元／港幣140元

製版印刷　凱林彩印股份有限公司

國家圖書館預行編目(CIP)資料

西洋占星術史：是科學還是魔法？最有趣的古今天文觀測與世紀爭論／中山茂 著；楊家昌 譯．-- 初版．
-- 臺北市：創意市集出版：英屬蓋曼群島商家庭傳媒股份有限公司城邦分公司發行，2021.11
面；　公分

ISBN 978-986-0769-34-0（平裝）

1. 占星術　2. 歷史

292.22　　110013534

香港發行所　城邦（香港）出版集團有限公司
香港灣仔駱克道193號東超商業中心1樓
電話：(852) 2508-6231
傳真：(852) 2578-9337
信箱：hkcite@biznetvigator.com

馬新發行所　城邦（馬新）出版集團
41, Jalan Radin Anum,Bandar Baru Seri Petaling,
57000 Kuala Lumpur,Malaysia.
電話：(603)9057-8822
傳真：(603) 9057-6622
信箱：cite@cite.com.my